公共图书馆助力
乡村文化建设研究

宋蕊　著

延吉·延边大学出版社

图书在版编目（CIP）数据

公共图书馆助力乡村文化建设研究 / 宋蕊著.

延吉 ： 延边大学出版社，2024. 8. -- ISBN 978-7-230
-06948-9

Ⅰ．G252.17；G127

中国国家版本馆 CIP 数据核字第 20243EQ467 号

公共图书馆助力乡村文化建设研究

著　　者：宋　蕊

责任编辑：董德森

封面设计：文合文化

出版发行：延边大学出版社

社　　址：吉林省延吉市公园路 977 号

邮　　编：133002

网　　址：http://www.ydcbs.com

E-mail：ydcbs@ydcbs.com

电　　话：0433-2732435

传　　真：0433-2732434

发行电话：0433-2733056

印　　刷：廊坊市广阳区九洲印刷厂

开　　本：787 mm×1092 mm　1/16

印　　张：10

字　　数：200 千字

版　　次：2024 年 8 月　第 1 版

印　　次：2024 年 8 月　第 1 次印刷

ISBN 978-7-230-06948-9

定　　价：78.00 元

前　　言

公共图书馆是保障人民基本文化权益的重要阵地，是开展社会教育活动的终身课堂，是公共文化服务体系的组成部分，是公共文化服务体系建设的主力军。

公共图书馆凭借着其丰富的文献信息资源，担负着促进全民阅读的责任和使命，在保护、传承和弘扬传统文化中有着重要的地位。近年来，各级政府进一步加大对公共图书馆的建设，使各地公共图书馆服务设施不断完善，文献资源日益丰富，服务理念不断创新，服务手段不断增加，服务能力显著提升，队伍素质稳步提高，社会效益明显增强，公共图书馆事业呈现出蓬勃发展、整体推进的良好发展局面。

中华民族经历了一段漫长的农耕社会历史，铸就了辉煌的民族文化，留下了丰富的文化遗产。乡村在农业生产形态的延续中，比城市继承了更多的农耕社会的遗留，并根据社会的发展，推动着农耕文明前行。乡村文化作为乡村社会生活的精神内核，承载着丰富的历史记忆、传统智慧和地方特色。它不仅是乡村居民身份认同和归属感的重要源泉，更是乡村经济发展的内在动力。加强乡村文化建设，对于促进乡村经济的协调发展，提升乡村居民的文化素养和生活品质，具有深远的意义。

公共图书馆是促进乡村文化建设的的主阵地。近些年，各地公共图书馆在创造良好的阅读环境、创新读者服务方式、推出便民服务网点、积极开展各种类型的读书活动等方面推出各种措施，在促进乡村文化建设的同时，也丰富了乡村居民的生活。

公共图书馆作为乡村文化建设的重要载体和平台，在乡村文化建设中的作用日益凸显。

首先，公共图书馆拥有丰富的图书资源和先进的信息技术，能够为乡村居民提供多样化的文化服务和知识获取途径。通过借阅图书、参加讲座、使用电子资源等方式，乡村居民可以拓宽视野，增长知识，提升自身文化素养。

其次，公共图书馆通过举办各类文化活动，如阅读推广、文化讲座、书画展览等，能够激发乡村居民的文化兴趣和参与热情。这些活动不仅丰富了乡村居民的精神文化生活，还为他们提供了展示自我、交流学习的平台，有助于推动乡村文化的传承与创新。

最后，公共图书馆通过打造乡村创意产品，能够激发乡村居民的认同感。打造乡村创意产品有利于传承和保护乡村文化，同时也能将乡村文化传播出去，促进乡村文化的发展。

乡村文化建设是一项长期而艰巨的任务。公共图书馆作为乡村文化建设的重要力量，应充分发挥自身优势和作用，为乡村居民提供丰富多彩的文化服务，推动乡村文化的繁荣发展。同时，公共图书馆也需要不断探索和创新，随着数字化的建设，为了适应新时代乡村文化建设的新要求和新挑战，公共图书馆要丰富自己的馆藏文献资源，优化特色馆藏体系，注重实体馆藏与虚拟馆藏有效配合，合理配置信息资源，尤其是大力发展数字信息化资源，建设好乡村阅读的阵地，有效缩小城乡阅读发展不均衡的状况。

笔者在撰写本书的过程中，参考了大量的文献资料，在此对相关文献资料的作者表示由衷的感谢。此外，由于笔者时间和精力有限，书中难免会存在不妥甚至谬误之处，敬请广大读者朋友予以批评、指正。

目　　录

第一章 公共图书馆及其发展趋势

第一节 图书馆与公共图书馆

一、图书馆

（一）图书馆的起源

图书馆的产生有两个非常重要的历史文化背景，一个是文字的发明，一个是文献的出现。作为记录和传达语言的书写符号，文字有三个可考的历史节点：公元前4 000年左右，古埃及人使用的象形文字，也叫纸草文字；公元前3 000年左右，苏美尔人使用的楔形文字；公元前 14 世纪至公元前 11 世纪，我国的商朝人使用的甲骨文。

有了文字，就得有记录文字的工具和载体。随着文字数量的不断增加，为了用文字准确地记录事物、完整地表达思想感情，文献便产生了。例如埃及的纸草卷，我国古代的甲骨文献、金石文献、泥陶文献、简帛文献等，都是不同载体的文献；再比如现在的纸制文献、光盘、缩微胶卷等也是不同载体的文献。

因为文献记录、展示、保存了文字，所以其是人类文明传承、延续的集中体现。随着文献数量的不断增加，将文献有序保存的需求逐渐出现，人们需要有一个地方保存文献，并且要有专人来管理文献，因此图书馆应运而生。

根据考古学家的推测，世界上最早的图书馆在4 000多年前诞生于两河流域，那个时期的图书馆和档案馆没有明确的区分，一般同时兼有二者的职能。公元前7世纪，真正意义上的图书馆——亚述帝国首都尼尼微的皇宫图书馆建成，该馆藏有大约25 000块泥版文书，并建有目录。公元前3世纪，埃及亚历山大图书馆建成，该馆典藏丰富，被誉为"世界古代图书馆的代表"。

在中国，甲骨文出现后，王室就有了保存典籍的地方，实际上这就是我国图书馆的萌芽。图书馆真正有文献可考的历史始于春秋时期，那时王室中有了专门的典藏处——藏室，并设立了专门的职官来管理文献。据《史记》记载，我国著名的哲学家、思想家老子在周朝担任"守藏室之史"（典藏处的最高领导）。因此，后人将老子誉为"中国最早的图书馆馆长"。

（二）图书馆的发展

11—13世纪，随着西方大学的兴起，大学图书馆逐渐发展起来。14—16世纪的文艺复兴时期，欧洲各国掀起建立图书馆的高潮。到了近代，17世纪中叶，英国资产阶级革命爆发，资本主义开始在西方萌芽，极大地推动了图书馆的发展。新兴的资产阶级提倡学校教育，开始兴办向社会开放的图书馆，以提高劳动者的科学文化知识。

在中国，周朝产生图书馆后，秦朝设立了专门的藏书机构，并由"史官"管理；汉朝时图书馆已初具规模；从三国时期到隋唐五代，随着政治、经济和文化的发展以及印刷术的发明，图书馆进入发展时期，国家藏书进一步发展，私人藏书也开始发展；从宋代到清代，图书馆进入繁荣时期。

（三）图书馆的划分

1.图书馆划分的作用

（1）确定图书馆的工作目标。图书馆类型是社会分工日益向专门化方向发展，以满足不同人群信息需求的产物。在现代图书馆的建设中，图书馆类型的划分尤为重要。划分图书馆类型，对于图书馆工作目标的设定具有积极作用，有助于图书馆的长期稳定发展。总的来说，图书馆成立的首要任务就是制定相应的工作目标，确定目标才能够推进图书馆更长远、更稳定地发展。图书馆最重要的功能就是为读者提供一系列的阅读服务，满足读者的阅读需求，这也正是图书馆成立的意义所在。当然，有计划地实施图书馆类型的划分工作，能够有效地避免众多问题的出现。图书馆类型划分不仅能够帮助图书馆更长远、更稳定地发展，还能够方便读者阅读。目前市场上的一部分图书馆，其目标并不是非常明确的，图书馆的管理体系也不完善。因此，图书馆类型划分工作就显得格外重要。

（2）加强图书馆之间的协作。图书馆进行类型划分后，各图书馆的沟通交流也会随之增加，有助于加强图书馆之间的协作，使图书市场更加和谐、稳定。明确的目标、清晰的分工，使众多图书馆的管理体制有了大的转变，管理制度逐步趋于多元化、专业化，不仅能调动图书馆工作人员工作的积极性，还可以使图书的管理效率有质的提升。除此之外，图书馆对于图书的管理、资源的合理使用均有所提升，能够为读者提供更为优质的服务。就此来看，单凭某个图书馆的力量是很难达到上述所提到的效果的，而实现图书馆类型划分后，读者就能够按照自己的需求去往相应的图书馆，这也使得读者检索图书的效率大大提升。当然，图书馆类型划分并不是一件容易的事情，首先需要考虑大众的阅读需求及喜好，其次还要根据图书馆当前的情况进行具体分析。

（3）突出图书馆的服务重点。图书馆类型划分的另一重要作用就是有助于突出图书馆的服务重点，有倾向性地上架图书，根据图书馆的类型为读者提供相应的服务，这样可以进一步提升图书馆的服务质量。图书馆进行类型划分后，各个图书馆会形成各自主要的工作分工，不同图书馆之间也会相互影响、相互促进。值得一提的是，不同类型的图书馆所承担的责任以及提供的服务、面对的读者会存在一定的差异，因此图书馆的管理体制及运营体系应当做出相应的调整，冲破传统图书馆管理制度的束缚，开创一条特色化的发展之路。对于划分类型的图书馆而言，需要明确图书馆在整个社会中所占据的位置及影响力，只有确立明确的目标、具体的发展思路，才能够在众多图书馆中脱颖而出。

就当前形势而言，我国的图书馆类型划分绝不能仅限于图书类别的划分。

随着信息化时代的到来，图书馆的类型划分更应当倾向于图书馆的整体规划方面，要使当今图书馆逐步趋于系统化、专业化、智能化。首先，各个图书馆应当明确分工、创建本图书馆的特色服务，能够为读者展现此图书馆与其他图书馆不同的一面；其次，各个图书馆应当合理引进智能化设备，方便读者阅读、为读者提供最优质的服务；最后，对本图书馆要有清晰的定位，明确图书馆在整个社会中所占的地位。

2. 图书馆划分的依据

图书馆类型划分是一项非常庞大的工作。首先，需要了解当前图书馆的发展状况及内部结构，比较不同图书馆的异同；其次，要对大量的数据进行整合、分析、处理，最终拟定出具体的实施方案并说明划分依据。图书馆类型划分的依据众多，但最后所制定的标准还是取决于制定者的出发点，而这些考虑的角度也成为图书馆类型划分的重要依据。下面就四点重要的依据展开具体论述：

（1）读者的阅读需求。图书馆建立的初衷就是为了满足读者的阅读需求并为读者提供服务，因此，读者的需求应当被列入划分依据。图书馆始终要明白，读者才是其工作的核心，没有读者支撑的图书馆是毫无意义的。因此，图书馆的管理体制以及资料体系的制定都需要围绕读者的需求展开。综上所述，读者阅读需求的不同，造成了图书馆服务方向存在一定的差异。

（2）图书馆的资金来源。对于不同类型的图书馆而言，其资金来源也有所不同，图书馆的规模、受众群体都会影响其资金来源。有的图书馆具有一定的公益性质，此类图书馆成立的目的并不是获取经济利益，因此资金来源也需要被纳入图书馆类型划分的重要依据。

（3）图书馆的藏书内容及资源体系。不同图书馆的馆藏图书的类型不尽相同，每个图书馆都会有几本"镇店之宝"，甚至是稀世珍品。因此，图书馆可以凭借其特色化、独一无二的藏书来吸引读者的注意。图书馆可以通过大量的数据分析，得出大众的阅读喜好，从而使馆内的图书类型能够满足绝大多数人的阅读喜好。

（4）图书馆的管理体制。图书馆在整个管理的过程中，需要对图书馆的书籍进行定期的审核、整理、分类，对图书馆的成员进行集中培训。有的图书馆是由国家进行管控的，不同性质的图书馆会有不同的管理体制。图书馆的管理体制对于图书馆类型划分具有重要影响。

二、公共图书馆

公共图书馆是一种与大众关系较为密切的图书馆类型。公共图书馆是由政府投资兴办或由社会力量支持兴办的、向社会公众开放的图书馆类型，是知识资源收集、存储、加工、研究、传播和服务的公共文化空间和社会教育设施。公共图书馆具有公益性、均等性和普惠性等特点。

（一）公共图书馆的发展

公共图书馆是社会发展到一定阶段的产物，是社会民主、公民权利、社会平等和现代人文意识成熟的结果。学界普遍认为公共图书馆产生于19世纪中叶的英国和美国，1850年，英国议会颁布了《1850年公共图书馆法》，这是世界第一部公共图书馆法。1852年，英国曼彻斯特公共图书馆成立，成为世界公共图书馆的开端。

美国从19世纪开始，各地逐步以法案的形式确立了公共图书馆制度。1848年，美国第一个公共图书馆波士顿公共图书馆成立。之后，美国钢铁大王安德鲁·卡内基在美国各地捐建图书馆，进一步推动了美国公共图书馆的建设。

中国现代意义上的公共图书馆出现于20世纪初的晚清时期。浙江绍兴人徐树兰创办的古越藏书楼，因其具有半公共性质，以及明确的办馆宗旨、规范的管理与服务，很多资料将它视为中国公共图书馆的开端。1904年，由张之洞创办的湖北图书馆在武汉成立，不久湖南图书馆、黑龙江图书馆等相继成立。

清朝学部颁布的《京师及各省图书馆通行章程》，确立了由公共经费支持、为公众提供服务的公共图书馆制度。

公共图书馆诞生后，出现了迅速发展的局面。英国在1920年以后，公共图书馆服务逐步从城市延伸到农村，1945 年后进入发展的黄金期，20 世纪 60 年代实现现代化服务。但是从 20 世纪 80 年代开始，随着英国经济的衰退和保守党经济政策的变化，英国的公共图书馆逐步衰退，2010 年开始受金融危机和欧债危机的影响，政府投入减少，英国的公共图书馆出现了严重的衰退。

美国的公共图书馆发展平稳，20 世纪 60 年代就形成了相对完备的公共图书馆服务体系。

中华人民共和国成立后，公共图书馆事业开始恢复，国家出台了一系列相关政策。20 世纪 80 年代，国家"六五"计划提出了县县有图书馆的目标，县以下公共图书馆建设形成高潮；2006 年，"十一五"规划明确提出在我国建设覆盖全社会的比较完备的公共文化服务体系，提出构建现代公共文化服务体系；2017 年 11 月 4 日，第十二届全国人民代表大会常务委员会第三十次会议通过《中华人民共和国公共图书馆法》，并于 2018 年 1 月 1 日起施行，公共图书馆进入了前所未有的发展机遇期。

（二）公共图书馆的特征

1.公共、公益

公共图书馆是一种社会制度的安排，这一制度规定由政府从公共税收中支付经费，公共图书馆则免费为当地居民"每个人都具有平等获取人类知识和信息"的权利服务，而维护公共图书馆的公共供给是保障人人平等获取知识和信息的重要途径。从理论上说，公共图书馆的公共、公益性决定了它应该向社会成员免费开放和提供服务。目前，世界各国的公共图书馆几乎同时提供免费服务和收费服务。免费的称为基本服务或核心服务，收费的称为非基本服务或增值服务。

2.平等、包容

平等、包容的公共图书馆服务包括两方面的含义：每个图书馆向其用户提供平等、包容的服务；整个公共图书馆服务体系向全体社会成员提供普遍、均等的服务。

公共图书馆向所有社会成员开放，要求公共图书馆普通公共服务空间（需要特殊保护的除外）在承诺的开放时间内向个人开放一切，不设任何限制，不管个人的阶层、种族、经济能力、性别、年龄等如何。

3.专业化

公共图书馆的专业化有四个表现：第一，运用图书馆学的理论、技术和方法，保障读者对所需知识和信息进行有效查询和获取；第二，聘用专业馆员开展智力型业务；第三，公共图书馆智力型业务工作需要专业知识的支撑；第四，依托整个图书馆职业和行业组织的支持，维持并不断提高自身的业务水平，这要求公共图书馆加强与其他图书馆的联系，并与行业组织建立联系。其中与行业组织的联系尤为重要，这些组织可以将不同类型的图书馆凝聚为一个整体，同时可以在提供交流平台、制定行业标准、支持人员培训、监督评估服务质量、制定和执行职业道德规范等方面获得支持。

员工需要遵循职业道德规范。职业道德规范是用来规范从业人员行为、维护职业声望的重要手段。各国图书馆协会制定的职业道德规范大致包括以下内容：图书馆专业人员对知识、信息、文献的行为规范，如尊重知识产权；对用户的行为规范，如尊重用户的隐私权；对职业整体的行为规范，如维护职业声誉；对所在图书馆及母体机构的行为规范，如履行与单位签订的合同。

公共图书馆由于服务对象的多样性、需求的多样性、文化的多样性，比其他任何类型的图书馆都更容易遭遇争议问题，因而更需要职业道德规范的引领。

（三）公共图书馆的职能

1.文献信息保存及传承职能

文献信息保存及传承人类文化遗产是公共图书馆最传统的职能，是公共图书馆产生之初就具备的功能。

2.社会教育职能

社会教育职能对公共图书馆来说，显得尤为重要。人们常说，公共图书馆是没有围墙的社会大学，是人民的终身学校，这充分体现了它的教育职能。

3.文献信息传递职能

公共图书馆具有中介性，这个性质决定了传递文献信息是公共图书馆的一个重要职能。这一职能一般通过流通、阅览和参考咨询等服务部门来实现。

4.促进阅读职能

保障民众的阅读权利，培养和提高其阅读兴趣，是现代图书馆不可推卸的责任之一。各级公共图书馆通过形式各异的阅读推广活动来实现促进阅读的目标。

5.休闲娱乐职能

随着现代图书馆职责的扩大，为大众休闲娱乐提供便利也成为公共图书馆的职责。1994年，国际图书馆协会联合会和联合国教科文组织联合发布的《公共图书馆宣言》对公共图书馆的使命作了十二个方面的陈述，使公共图书馆的职能更加具体化。

这十二个方面具体包括：

第一，从小培养和强化儿童的阅读习惯；

第二，支持个人自学以及各级正规教育；

第三，为个人发挥创造力提供机会；

第四，激发儿童与青年的想象力和创造力；

第五，提高对文化遗产的认识、对艺术的鉴赏力以及对科学成就与发明的了解；

第六，提供通过各种表演艺术来表现文化的途径；

第七，促进文化间对话和文化多样性；

第八，发扬口述传统；

第九，确保居民获得各种社区信息；

第十，向当地的企业、社团和利益集团提供必要的信息服务；

第十一，提高利用信息和计算机的能力；

第十二，支持和参与并在必要时组织不同年龄组的扫盲活动与计划。

（四）公共图书馆的用户

凡是利用了公共图书馆所提供的资源、环境以及服务的个人或团体，都可以称为公共图书馆用户（读者）。

1.用户权利的内涵与保障

（1）用户权利的内涵

第一，文化权利。文化权利是公民的基本权利之一，是指公民在社会文化生活中应当享有的、不容侵犯的自由和利益。由于公共图书馆是公共文化设施，因此文化权利是公共图书馆用户应当享有的最基本的权利。文化权利包括：参与文化生活的权利、分享文化成果的权利、参与文化活动及文化事务管理的权利、文化创造自由权和文化成果得到保障的权利。

第二，平等享受公共图书馆服务的权利。《公共图书馆宣言》中明确规定：每一个人都有平等享受公共图书馆服务的权利，而不受年龄、种族、性别、国籍、语言或社会地位的限制。确保公共图书馆用户能够平等地享有公共图书馆服务，是公共图书馆开展用户服务过程中必须遵循的原则。

第三，自由获取信息的权利。公共图书馆在开展服务的过程中应充分尊重用户自由获取信息的权利，应当向用户公开各类文献信息资源的收藏情况、布局、服务种类、服务时间，以及与服务相关的各类规章制度等信息，有义务解答用户的询问，辅助用户更好地利用公共图书馆资源和服务。

第四，用户隐私得到保护的权利。公共图书馆在开展服务的过程中，不可避免地会收集和掌握用户的部分私人信息，如用户的姓名、地址、单位、身份证号码、联系方式、阅读习惯等，公共图书馆有义务对这些信息保密，确保用户个人信息不向外泄露，也不利用这些信息侵扰用户的生活。（《中华人民共和国公共图书馆法》第四十三条：公共图书馆应当妥善保护读者的个人信息、借阅信息以及其他可能涉及读者隐私的信息，不得出售或者以其他方式非法向他人提供。）

（2）用户权利的保障

第一，法律保障。公共图书馆开展各项工作，首先要遵循《中华人民共和国公共图书馆法》（2017年11月4日第十二届全国人民代表大会常务委员会第三十次会议通过，2018年1月1日施行），还要遵循其他相关法律，如涉及馆藏建设的呈缴本方面的法律、涉及数字资源建设的著作权方面的法律法规、涉及网络传播方面的法律法规等。这些法律法规是公共图书馆开展各项工作必须遵守的基本原则，也是对用户享有公共图书馆各项服务的根本保障。

第二，服务理念。要保障用户的权利，公共图书馆开展各项服务工作必须有先进的服务理念作为支撑和导向。

第三，行业规范。俗话说，行有行规。公共图书馆也有自己的行业行为规范和业务工作准则，并以此作为筹划资源建设、规范用户服务、提升管理科学性、提高服务质量的制度化措施，来规范公共图书馆的行为，保障用户的权利。

第四，技术措施。目前，在公共图书馆的各项业务工作中，数字资源发现与获取、数字版权保护、远程访问控制、读者信息管理等多个方面，都有成熟的公共图书馆工作实务的技术解决方案，为保护用户权利提供了自动化系统的保障。

第五，社会教育。由于公共图书馆是一个面向全社会开放的文化机构，公共图书馆的建设是一个需要全社会人员共同参与的工作，所以，社会教育是保障公共图书馆用户权利的一项重要工作。公共图书馆对内要加强馆员的法律意识，强化职业道德和业务规范的教育；对外，在用户层面要进行公共图书馆服务相关法律政策和业务规范的宣讲，这有助于公共图书馆用户树立正确的法理意识，了解保护自身权利的正确方法和途径。在社会层面，公共图书馆进行广泛宣传，这有助于相关政府部门和公众正确认识和把握公共图书馆的特点和服务属性，有效监督公共图书馆的工作，对公共图书馆事业的发展给予更全面的理解和支持。

2.用户培训的内容与方式

（1）用户培训的主要内容

公共图书馆有目标、有计划、有步骤地开展用户培训工作，既是公众的文化需求，也是公共图书馆必须履行的职责，更是公共图书馆提高资源利用率、拓展服务的有效方法。培训的主要内容有：

第一，公共图书馆基础知识。这是最为基础、最为重要的培训，可以帮助用户了解公共图书馆的基本概况、馆藏资源特点及布局、文献分类常识和查找方法、各类服务介绍等，为用户更好地利用公共图书馆奠定良好的基础。

第二，公共图书馆资源与服务推介。介绍公共图书馆最新的资源和服务，使用户能从众多类型的资源和服务中迅速锁定自己所需要的。

第三，文献信息检索技能培训。这是提升用户信息素养的一种比较综合的培训，它教会用户在合理的时间内从种类繁杂、数量庞大的各类资源中获取有效信息，旨在帮助用户更为全面地掌握信息加工和处理的方法，更好地驾驭信息工具。

此外，还可根据用户的需求举办计算机应用能力培训、外语培训等，从而提升公共图书馆的社会影响力。

（2）用户培训的主要方式

第一，到馆用户培训。一是在专门的教室培训，目前很多公共图书馆都有系统的用户培训计划，在固定的时间和地点进行；二是与公共图书馆日常工作相结合对用户进行辅导，这是公共图书馆参考咨询工作的重要方式。用户在公共图书馆遇到问题，可以随时得到馆员的指导和帮助，解决遇到的问题。这种培训贯穿公共图书馆服务工作的始终，它可以强化用户的服务感受，提升用户满意度。

第二，用户所在机构的现场培训。针对某一机构的用户进行培训，可根据他们的特点和需求设计课程，形成培训讲师与用户的互动。

第三，远程培训。用户通过各种媒体和网络进行培训。大多数公共图书馆采用集中面授与借助网络进行远程教育相结合的方式开展用户培训。远程培训主要有两种方式：一是开设专门的网络培训平台或培训栏目主页，公共图书馆制作专门的培训录像、交互式培训课件或培训讲义，上传到网上加以传播，有的公共图书馆通过虚拟参考咨询系统向用户提供远程辅导、远程培训，此培训方式具有成本低、服务范围广、便于维护等特点；二是利用广播电视网络进行培训，广播电视网络是用户培训的新平台。目前一些先进的公共图书馆已经建设数字电视频道，通过有线电视网络播放培训教育节目，既经济又便捷。

3.用户满意度测评环节

用户满意度测评是公共图书馆服务质量评价的重要组成部分。它的基本流程主要包括以下九个环节：

（1）明确测评目的。公共图书馆在进行用户满意度测评方案设计时，首先要明确测评的目的是什么，明确是对公共图书馆的整体服务进行测评，还是对某一项具体服务措施进行测评。

（2）确定测评对象。根据测评的目的和内容，选择适当的对象参与测评，既保证测评对象具有广泛性和代表性，又保证测评的对象与测评的内容相一致。

（3）明确测评指标体系。根据美国的研究成果，公共图书馆测评的指标共分为22个，此外还包括8个附加指标。

（4）问卷设计。问卷设计是测评工作中最为关键的一个环节，它决定着测评工作能否达到预期目标。问卷一般包括背景介绍、填写说明、测评对象基本情况和测评问题等内容。

（5）确定抽样方法。对于任何测评，都不可能面向全体用户开展，一般采取随机抽样的方式确定测评对象。

（6）实施调查。问卷调查可以采取当面问询、信函、电话、网络等形式进行。

（7）数据整理及分析。对回收的问卷进行整理和分析，首先剔除无效问卷，然后根据不同维度和指标进行问题分类和汇总，并通过图表对汇总的数据进行可视化处理。

（8）编制测评报告。首先完成测评统计分析，然后将测评的背景、目标、测评指标设计、调研情况、测评数据分析、测评结果分析等内容汇编成册。

（9）制定改进方案。根据测评发现的问题，逐一对问题产生的原因进行阐述，并制定出有针对性的、可行的服务改进方案。

（五）公共图书馆的核心业务

概括来讲，公共图书馆的业务工作有两大体系，一是信息输入工作（文献信息资源建设）；二是信息输出工作（用户服务工作）。

信息输入工作（文献信息资源建设）的主要工作流程有文献信息搜集、登录、加工、整理、组织等环节。

信息输出工作（用户服务工作）主要包括文献提供、阅读推广、参考咨询、文献检索、网络信息导航与服务、用户发展教育培训等内容。

以上两大体系构成了公共图书馆业务工作的主体。基于此，公共图书馆的核心业务可以分成六大部分：

（1）信息资源建设。

（2）文献加工。

（3）文献提供。

（4）信息服务。

（5）读者活动。

（6）乡土知识与地方文化的开发和保护。

第二节 公共图书馆的服务工作

一、公共图书馆服务的界定

《中国大百科全书·图书馆学 情报学 档案学》将图书馆服务定义为：图书馆利用馆藏和设施直接向读者提供文献和情报的一系列活动，有时也称作图书馆读者工作。其外延是现代图书馆不仅通过阅览和外借的方法为读者提供印刷型书刊资料，还提供缩微复制、参考咨询、编译报道、情报检索、情报服务、定题情报检索，以及宣传文献情报知识的专题讲座、展览等服务。

不同学者对公共图书馆服务的界定不尽相同，有以下代表性内容：

（1）公共图书馆有丰富的图书文献，根据读者的不同需求，通过利用公共图书馆资源的方式，满足读者的文献和信息需求。同时，公共图书馆把读者服务、读者工作和公共图书馆服务综合起来，让公共图书馆可以有效运行。

（2）公共图书馆服务可分为两大类：一是信息资源提供服务；二是信息咨询服务。公共图书馆围绕读者的信息需求来开展工作。但公共图书馆服务的意义不仅仅是满足读者的信息需求，需要开展的工作还应包括公共图书馆在服务过程中的服务理念、提供的服务质量、服务开展的工作环境，以及公共图书馆工作人员的专业能力和态度。

（3）公共图书馆的服务以馆内的基础设施、相关设备和馆内资源为基础，凭借真诚的服务满足读者需求。因此，公共图书馆是一个提供服务活动的地方，能满足读者的精神需要。

（4）公共图书馆服务主要针对读者进行，展现出了公共图书馆的实际价值。在一系列公共图书馆活动中，公共图书馆满足了读者和社会的需求。公共图书馆服务中含有三个要素：一是读者和社会是公共图书馆服务的对象；二是公共图书馆资源是公共图书馆的内容；三是体现公共图书馆需要实现的目标。

（5）现代公共图书馆服务主要可以分为四个方面：一是针对休闲场所的服务活动；二是针对学习场所的服务活动；三是针对文化信息中心的服务活动；四是作为营销机构的服务活动。

（6）公共图书馆利用公共图书馆资源满足读者的信息需求，在这个过程中体现各个行为过程。

（7）公共图书馆文献的使用和服务、用户开发、用户研究、用户教育等统称为图书馆服务，公共图书馆服务与用户服务、读者服务意义相同。

（8）公共图书馆为社会和读者提供足够的文献信息资源，形成公共图书馆独特的活动内容，即读者服务。

分析不同学者对公共图书馆服务的定义可以发现，公共图书馆服务存在几个共同的结构要素：第一，公共图书馆的服务对象，即公共图书馆的用户，也是公共图书馆服务的使用者。以不同的社会群体和读者为主体，其中，某个人或某个单位不一定是公共图书馆文献信息资源的使用者。第二，公共图书馆资源，也是公共图书馆服务资源。有了公共图书馆资源，公共图书馆才能开展后续的服务工作。公共图书馆资源是公共图书馆形成的基本条件，包括信息、人力、设施等社会和个人可利用的一切资源。第三，服务需求。这主要是文献信息，也包括其他类型的服务请求。第四，实现服务的各种服务方式。只有有效的服务方式才能满足社会和用户的需求。因此，公共图书馆服务是公共图书馆利用自身资源、采用多种方式满足社会和用户在文学、信息等方面的需求的一系列服务活动。这些定义有前瞻性，既符合当前公共图书馆服务工作的现实情况，也符合公共图书馆未来发展的趋势，是公共图书馆发展的指向标。

二、公共图书馆服务工作的内容

在公共图书馆的各项业务工作中，围绕服务形成了一个内容丰富的完整工作体系，主要包括以下五个方面：

（一）研究读者工作

读者是公共图书馆服务的对象，是公共图书馆存在的基本。正是因为有读者的存在，公共图书馆才有了生存的土壤。公共图书馆的工作要围绕读者展开。研究读者是公共图书馆服务发展的基础，主要可从两个方面研究读者，一是读者的文献需求；二是读者的阅读规律。读者对公共图书馆文献信息的需求和利用最直接、最具体，能切实反映社会信息需要。

开展读者调研有助于公共图书馆管理人员整体了解读者的需求，了解读者性质和读者需求的规律。要大幅提高公共图书馆服务的相关性，正确引导读者的阅读动机，不断扩大公共图书馆服务的内容，完善服务方式，拓展读者服务领域，提高公共图书馆服务的工作质量。

（二）组织读者工作

组织读者是公共图书馆为实现服务和管理目标而实施的与服务运营相关的管理行为。其主要任务是组建和发展读者群、确定好读者服务内容、明确读者服务范围和服务优先级、规划和制订发展计划、做好读者开发和注册工作、细分读者类型、识别读者心理需求、组织和协调读者等。

组织读者要根据公共图书馆工作的变化及时变更，要持续不断地研究读者的情况，掌握读者的变化。公共图书馆只有了解读者的阅读习惯及需求，才能与读者的需求匹配。公共图书馆服务管理方式的变化应该有规律，要同读者需求的变化一起进行。组织读者也是改进公共图书馆服务、提高公共图书馆管理工作水平的有效途径。

（三）组织服务工作

组织服务是公共图书馆实现社会价值和最终服务目标的有效途径。组织服务在深入研究的基础上，通过多层次、多方位的综合服务配置，最大限度地利用公共图书馆的多样化资源，准确识别读者需求，从而最大限度地提高读者的满意度。

组织服务工作的内容也包含多方面，主要包括让服务方式更高效、让服务范围更全面、让服务内容更多样、让服务水平更有质量。公共图书馆为读者服务的方式主要取决于公共图书馆的性质、规模和服务对象需求，并不断变化。

互联网已经在日常生活中普及，计算机技术也显著提高，这在公共图书馆中也有体现。互联网信息技术在公共图书馆中得到广泛应用，使现代图书馆将服务模式从传统向现代数字服务转变。因此，现代公共图书馆的服务通过网络来提高公共图书馆服务是发展方向。该领域的服务包括资源搜索与下载、资源自借、在线完成读者调查、资源导航、电子资源数据库、上传与共享资源、开拓个人学习空间、收集用户反馈等内容。

总之，公共图书馆服务的构成受到多方面因素的影响，除了公共图书馆具体情况的影响外，还有社会发展水平的影响。对公共图书馆服务的总体要求是在时间成本和投入成本最少的情况下，为大多数读者提供最合适的信息资源。

（四）读者宣传辅导工作

读者宣传辅导工作是公共图书馆服务中非常重要的一部分，充分体现了公共图书馆的教育职能。读者宣传辅导工作主要包括三个方面的内容：一是读者宣传工作；二是读者辅导工作；三是读者培训工作。

1.读者宣传

读者宣传是公共图书馆科学管理读者的主要方式之一。宣传自身独特的作用，目的是调查和了解读者的阅读需求，积极向读者公开和征集信息资源，让读者了解公共图书馆的形式和内容，传播先进思想、传播科学知识等各种文化信息；同时，以各种形式向读者传播有趣、必要的信息，满足读者的信息需求，让这些信息可以在合适的时间呈现在读者面前。读者可以通过使用公共图书馆的众多资源和服务满足自身需求。

2.读者辅导

读者辅导是根据读者的具体情况来回答读者提出的问题，及时解决读者的问题。为了更好地辅导读者，公共图书馆员必须充分了解公共图书馆内的各种信息资源、不同信息资源的特点、公共图书馆的服务流程、读者的行为习惯，以及读者对信息的需求。在读者熟悉公共图书馆的各种服务程序的情况下，公共图书馆要了解读者行为、阅读习惯和信息需求心理；在读者使用公共图书馆服务的过程中，公共图书馆要帮助读者选择资源范围，引导读者选用正确的信息资源内容，帮助他们学习如何使用信息资源。读者辅导要为读者提供信息技术，让每位读者可以更好、更高效地获取知识，提高获取信息的效率和阅读效果。

3.读者培训

读者培训是指根据不同读者的共同需求，通过讲座等多种活动方式，帮助特定的读者群体提高公共图书馆资源的使用能力，让公共图书馆资源可以得到更高效的利用。读者培训主要以两种方式开始：一方面，有效培养读者的情报意识，让读者对公共图书馆有更大兴趣，让读者可以将公共图书馆当成好老师和乐于助人的朋友。另一方面，鼓励读者使用公共图书馆资源，通过学习公共图书馆的信息检索技术，获取自己所需要的信息资源，充分发挥出公共图书馆的教育价值。

（五）服务管理工作

服务管理是一项组织管理工作，主要围绕馆内读者工作部门的业务活动进行。服务管理主要包括三方面的内容：第一，针对读者服务主体管理；第二，针对读者服务人员管理；第三，针对读者服务设施管理。这三个方面都是服务管理的重点。具体包括发展读者、设立服务机构、安排工作，并做好人员分工、合理进行人员配备、明确工作职责、制定科学的规章制度、优化业务流程设计、组织公共图书馆活动、不断改进服务方式并使用先进的技术手段、提供科学的服务体系并不断完善。服务管理的有效开展，为读者阅读提供了更好的阅读环境，极大提高了公共图书馆资源的利用率，保障了公共图书馆服务健康发展。

这些内容都是服务管理必不可少的部分，它们彼此相互制约、影响，在公共图书馆的建设工作中扮演着重要的角色。其中，读者的组织和研究是一切服务工作的基础。公共图书馆要科学构建各项服务工作，构建清晰完整的体系，构建灵活多样、充满活力的服务体系。根据读者目标开展工作，充分体现了公共图书馆的社会价值。公共图书馆组织开展各类宣传引导活动以及开展丰富的读者教育活动，对读者素质和信息能力的提高都有促进作用，这有效提高了读者服务效果和公共图书馆工作效率，并增强了公共图书馆建设价值。服务管理是顺利执行公共图书馆工作的有效途径，也是重要的制度和组织保障。

三、公共图书馆服务工作的原则

公共图书馆设立的初心和目的都是尽可能满足读者获得信息的需求。因此，公共图书馆在服务读者的过程中，始终贯彻落实以人为本、服务第一的基本理念，以特定的原则和内涵自我要求和自我约束，并将以下基本原则作为基本的服务宗旨：

（一）以人为本的原则

以人为本就是指公共图书馆一切服务的出发点和落脚点都应当是读者和读者需求，既要考量读者的心理特征和年龄特点来优化资源配置，又要提高资源的多样化和层次性；既要为读者提供服务时秉持积极、认真、负责的态度和精神，又要统筹一切可能的途径和力量，为便利读者使用和调度公共图书馆信息资源创造条件。它集中体现了"一切为了读者"的服务理念和长远的战略发展眼光。也就是说，读者服务是贯穿公共图书馆服务内容全过程的重要因素，更是公共图书馆人员和工作的起点和落脚点。

（二）平等原则

平等原则是公共图书馆信息服务最基本的原则，是现代公共图书馆服务的基本方向，它主要体现在两个方面：

1.权利平等

平等意味着对人的基本权利的尊重，这种尊重不因富贵贫贱、身份高低等因素而转移。平等享有权利的保障是公共图书馆以人为本的原则的基本体现和核心内容，表现为对用户的普遍关爱和普遍尊重，以及对用户基本合法权利的普遍保障。具体来讲，公共图书馆用户的合法权利主要体现在用户资格获得、信息资源阅读、个人隐私安全和人格不受践踏和侮辱、问题咨询、参与公共图书馆管理与监督和决策、享有遵守公共图书馆规章制度的权利和履行应尽义务、对公共图书馆建设和服务提出合理化整改建议、享有辅助性服务、客观评价公共图书馆管理和服务工作并依法追究侵权行为，以及要求相应合理赔偿这些方面。公共图书馆的基本职能是引导公众实现"认识权利"，公共图书馆从业者的基本职业信念就在于在传播文献信息资源的过程中，以这种基本职能为导向，切实保护好读者权利不受侵犯。

2.机会平等

机会平等的本质就是保障用户在公共图书馆的基本权利，并做到对用户态度上的基本尊重，保障用户可以平等利用公共图书馆资源。这种平等并不是停留在表面的平等，而是要落实到具体的人群，如阅读能力较低的群体、残疾人等弱势群体，要切实保障他们的平等权利，强化对这些群体的现代化信息技术培训，正视他们在能力方面的差异化，并进行针对性能力提升服务。可以说，只有保障社会弱势群体的权利，才能确保公共图书馆服务实质上的平等。

平等是人文关怀的基本内容，若想真正做到平等，就必须做好以下工作内容：第一，最大程度缩小公共图书馆信息资源与用户之间的距离，使用户利用和共享信息资源更便利；第二，最大程度地创造平等利用和占有信息资源的机会，营造相对宽松、自由的利用环境，为用户平等利用公共图书馆信息资源扫除障碍；第三，严格落实守密原则，不监控、不窥探、不泄露用户在公共图书馆的自主查询记录和对各种信息资源的利用用途，在充分保障用户个人隐私安全的前提下，最大程度地满足用户的个性化需求。

（三）开放原则

作为公共图书馆服务的基本原则，开放与服务是唇齿相依的关系，没有开放，服务便无从谈起。坚持对外开放是现代公共图书馆建设的重要内容，也是时代发展对现代公共图书馆的必要要求。全方位开放主要体现在资源、时间、人员、管理等各个方面。

（1）资源开放。公共图书馆的资源主要包括馆藏资源、设施资源、人力资源三大种类。资源开放主要包括两方面内容：第一，最大程度地揭示馆藏资源，通过开架借阅、强化图书宣传、建设完善的检索体系等方式，保障读者享有开放共享、平等利用所有馆藏资源的权利；第二，秉持资源共享的基本理念，强化馆际合作，满足读者的多种资源需求。

（2）时间开放。即改变读者在利用公共图书馆获取信息方面的时间局限，提升公共图书馆开放时间的延展性、连续性和完整性水平。例如，实体公共图书馆尽量在节假日调休，保障用户的节假日公共图书馆资源利用的权利，虚拟公共图书馆尽量做到全年 24 小时制全天候开放服务。

（3）人员开放。作为具有综合功能的社会文化教育中心和休闲、娱乐的自由场所，公共图书馆应为所有人开放服务。因此，所谓的人员开放就是公共图书馆要接纳一切有公共图书馆资源需求的用户，尊重和保障他们的基本权利，不因国籍、性别、身份、地位、种族等不同而区别对待。

（4）管理开放。开放的管理体系最基本的特征就在于为用户开放参与公共图书馆管理和决策的权限，比如设立"用户监督委员会""馆长信箱""读者意见箱"等，鼓励读者表达自主观念，广泛接纳读者对公共图书馆管理方面的建议和意见，并在用户公开、透明监督下积极进行公共图书馆服务的革新升级和结果反馈，同时，在特定情况下，允许用户参与管理决策。用户评价可以为公共图书馆查漏补缺提供科学、客观的数据来源，是公共图书馆升级服务质量、推进建设进程的重要保障。

（四）满意服务原则

满意服务是衡量公共图书馆服务质量的重要标准，体现了用户对公共图书馆服务的满意度和公共图书馆服务的未来整改方向。从本质上来讲，满意服务其实就是用户在实际感受过公共图书馆的文献资源、工作人员、基础设施和服务方式后所获得的真实体验与心理预期之间的差距。

以现代企业管理的 CS（Customer Satisfaction，顾客满意）理论来理解公共图书馆服务的满意原则，主要包括服务理念满意度、服务行为满意度、服务视觉满意度。以下分别阐述：

（1）服务理念满意度。即用户从心理层面来讲对公共图书馆开馆宗旨和管理策略的满意程度。

（2）服务行为满意度。指公共图书馆思想层面的服务理念通过外部表现出来的行为状态带给用户的心理满意程度，如公共图书馆的业务建设、规章制度、服务内容设计、服务态度和效果等。

（3）服务视觉满意度。"服务视觉"是公共图书馆一切可视化的外在形象，如公共图书馆的基础设施、环境氛围、阅读气氛、工作人员的职业形象等。而服务视觉满意度指的也就是这些显性因素给用户带来的心理感受和满意程度，是公共图书馆理念的视觉化呈现形式。

公共图书馆在管理中贯彻落实满意服务的基本理念，首要一点就在于坚持"一切为了读者"原则，只有明确认识到这一点，才能在满足用户需求方面拓展多样化渠道，并创新多方位措施，不断完善评价指标，提高反映用户满意度的层次性和精准度，才能为公共图书馆服务升级提供更为科学和客观的数据支撑。

（五）创新服务原则

公共图书馆要创新，首先要树立创新意识，确立主动化、优质化、品牌化、专业化的服务理念。具体体现在：服务中要主动想方设法贴近用户，处处为用户着想，尽可能地为他们提供方便；讲究"精、快、广、准"的服务质量，满足用户求新、求快、求便捷的心理；通过特色馆藏、特色服务、特色活动、特色环境等突出本馆服务特色，建立公共图书馆特有的品牌服务；建立一系列严格的业务规范与规则，凸显公共图书馆服务的专业化。其次，要创新服务内容。如在信息服务方面，要努力从文献提供服务向知识提供服务转变；加大参考咨询，特别是网上虚拟参考服务的力度；增加网上信息导航；开展个性化信息服务；充分利用各种资源，开展形式多样的读者活动等。最后，要创新服务方法。例如，改变以往单一的馆藏文献借阅服务模式，利用现代网络平台，提供多种数据库服务、知识库服务及各种在线或离线信息服务、主动推送服务、虚拟参考咨询服务、网络呼叫服务、智能代理服务等。

（六）资源共享原则

对于图书信息资源而言，在社会进步和科技发展的带动下，文献出版数量逐渐增加、信息种类更加多元化，全面搜集和存储各种信息资源则显得没有必要，更加浪费经费。资源共享理念的提出和在公共图书馆管理中的应用，是与用户不断增长和扩大的信息需求相适应的必然选择。这样一来，多个公共图书馆之间的信息资源实现了共享，一定程度上减轻了单个公共图书馆在信息资源搜集和存储等方面的压力，确保了公共图书馆充分发挥信息资源的原有功能，可以最大程度地满足用户日渐多样化的知识诉求和信息需求。公共图书馆资源共享职能在继承和弘扬人类知识、带动人类社会的进步与发展方面，发挥了不可磨灭的重要作用。因此，要不断强化和引导，促成不同级别和层次的公共图书馆的合作，只有这样，才能确保真正实现信息资源共享，实现公共图书馆更好、更快发展，为社会主义的建设和发展，以及人类宝贵知识体系的建设提供动力保障。

四、公共图书馆服务工作的新特点

随着社会与科技水平的发展及计算机和网络快速普及，公共图书馆的服务呈现出新的特点，主要有以下内容：

（一）服务虚拟化

随着现代信息网络技术的广泛应用，建立在虚拟馆藏资源和虚拟信息系统机制上的新型信息服务模式逐渐形成。这种虚拟化的服务彻底改变了以文献信息资源为主线的传统公共图书馆服务模式。公共图书馆的服务始终处于一个动态和虚拟的信息环境中。通过网络传输，公共图书馆既可以利用自有或自建的数字化馆藏资源，还可以利用电子邮件资源、网络新闻资源等多种互联网资源，这种无形、即时的虚拟化信息服务突破了时空限制，使公共图书馆为读者提供无所不在的信息服务成为可能。因此，服务虚拟化包括服务资源的虚拟化（即信息资源的数字化、虚拟化）和服务方式的虚拟化（即由面对面的阵地服务转变为面向虚拟读者、虚拟环境的服务）。其本质是公共图书馆由向具体人群提供实体文献服务，转变为向非具体化读者提供虚拟的数字服务。

（二）文献多样化

就现阶段而言，读者在公共图书馆享受的文献信息资源服务主要呈现出印刷型文献与信息化文献（如联机数据库、电子出版物、网络化信息资源等）并举的趋势，而这种趋势的形成与数字资源的暴风式增长有着分不开的联系。同时，在这种不断发展的多样化信息载体的作用下，纸质文献的主体地位被撼动，读者使用文献的习惯与观念也潜移默化地发生了转变，印刷型文献已经无法满足读者的信息载体需求。而在获取多元化信息方面，单一的纸质文献及传递方式同样无法与之匹配。因此，数字化、多样化的信息资源正在逐步成为读者信息需求的获取方向。与此同时，基于现代视频技术手段的数字视频信息资源一定程度上为人们对多样化多媒体信息资源的获取效率和获取质量提供便利。因此，在保证公共图书馆文献保存、信息交流与教育职能发挥的前提下，文献的多样化发展趋势进一步拓展了公共图书馆的服务空间，同时也大幅提升了公共图书馆的信息服务保障能力。

（三）交流互动化

在网络和通信技术的共同作用下，公共图书馆与读者之间快捷、有效的交流网络得以健全。首先，读者的信息需求动态可以在公共图书馆得到更及时、更加准确的呈现；其次，读者向公共图书馆表达自身信息诉求的自由度更高。在接收到读者的信息需求时，公共图书馆可以经过自身搜索、过滤、加工和整理功能将检索到的信息进行集合处理，再通过多途径、多类型传输到用户终端，来满足用户需求。读者可以突破空间和时间局限，更直接、快速地获取信息，省去中间因各种因素造成的盲目环节。与此同时，用户也可以和其他用户之间共享信息资源，只需要将资源上传至信息共享空间即可实现。通过这样的方式，公共图书馆和用户之间的互动交流更加智能、通畅。

（四）服务多元化

服务多元化是在计算机技术、远程通信技术、网络信息处理技术等现代化技术手段的共同作用下，建立起一个旨在从根源上改变公共图书馆的信息资源开发、组织和控制调度情况的网络服务平台，从而为读者搭建便利的网络信息获取平台。也就是说，网络技术串联起了各类信息获取方式，读者可以根据自身的实际需求享受信息化带来的便捷的信息交流、查询、获取、阅读和发布等一站式服务。从空间层面来讲，线下实体公共图书馆为读者提供的各类图书资源服务比以往更加优质，网络在线图书馆功能使读者可以足不出户，通过网络渠道获取公共图书馆提供的所需信息。简单来讲，现代化的信息技术在实现服务多元化的同时，突破了空间对公共图书馆的局限。从时间层面来讲，传统公共图书馆规定读者必须在指定时间内到馆享受公共图书馆的读者服务，而在信息化网络手段的作用下，读者可以在任意时间在线访问一家或同时访问多家公共图书馆，并在线检索、筛选、阅读馆藏资源。总体而言，现阶段的公共图书馆服务越来越多元、立体、便捷。

第三节 公共图书馆的服务标准

服务标准是服务质量标准的简称，指社会上某一服务行业或机构用以指导和管理其成员开展服务行为的质量规范。公共图书馆服务标准是指公共图书馆行业用以指导和管理本行业为所有社会成员开展信息服务行为的原则和质量规范。公共图书馆服务标准主要是转换相应有价值的信息，通常情况下是通过读者服务以及宣传推广活动时了解、收集客户群体的信息，进而满足读者需求。它可以有效提升公共图书馆的整体秩序及服务效率。通常情况下，公共图书馆中的服务人员需要按照对应的服务标准为读者提供服务，针对性的服务可以提升资源的利用率，节约时间，让读者在整体服务中更加满意。综上所述，公共图书馆服务也是评判公共图书馆整体水平的一个标准，通过这一标准要求可以大幅提升公共图书馆的整体服务质量。

公共图书馆的服务标准影响着后期公共图书馆的发展，因此公共图书馆需要根据实际情况制定相应的服务标准，来维持公共图书馆秩序正常运行，促使公共图书馆不断前进。制定公共图书馆服务标准对公共图书馆的发展具有非常深远的影响：第一，通过深入研究公共图书馆服务可以更好地调动公共图书馆管理人员的积极性，使他们主动寻找问题，增强服务标准；第二，制定并创新公共图书馆服务标准在一定程度上可以促使公共图书馆整体制度更加合理化，科学合理的服务可以有效增进阅读者的阅读情感，因此整合公共图书馆的问题及需求，对公共图书馆建立前瞻性的服务体系具有重要意义，还能促进后期公共图书馆的创新建设与服务形式多样化，使其更符合客户需求；第三，公共图书馆在建立相应服务标准的时候也会涉及公共图书馆中的其他相应领域，对各项目以及各资源管理制度均有指导意义，通过现代化的服务标准使公共图书馆服务逐渐走向高标准；第四，公共图书馆服务标准实际上也是公共图书馆健康快速发展的一个标准，公共图书馆通过健康引导可以更加深入了解本身的发展目标。

一、公共图书馆服务标准的内容

（一）公共图书馆的服务资源

公共图书馆服务资源是公共图书馆在开展服务过程中所拥有的物力、财力、人力等各种物质要素，主要包含以下四种资源：

1.公共图书馆硬件资源

公共图书馆的硬件资源中已形成的具体标准和指标有馆舍建筑指标、建筑功能总体布局标准和电子信息设备数量指标三方面。公共图书馆在选址设置中应按照公共图书馆建设用地指标执行，总建筑面积和阅览室座位数应按照公共图书馆建设标准执行。对在馆内与局域网或互联网连接的计算机网络接口数量规定：阅览室的信息点设置应不少于阅览座位的30％，电子阅览室的信息点设置应多于阅览室座位数，有条件的公共图书馆应提供无线网络服务。

2.公共图书馆工作人员

公共图书馆中的管理与工作人员均需要进行相关的培训，通过培训建立良好的专业体系与职业道德观念；在进行相应服务时，平等、公正地对待每个读者；同时，保密读者的信息以及学习资源等；喜欢图书管理工作，可以为读者提供非常专业的服务。当然，根据公共图书馆的规模情况，公共图书馆工作人员的数量也有相应要求，通常情况下会以本公共图书馆的其余人数为标准。除了数量要求，工作人员的专业技术也需要达标，对于少数民族地区的公共图书馆还需要了解相应的民族语言，方便后期服务。另外，公共图书馆随着经济、文化的发展在前进，公共图书馆工作人员也需要紧跟时代的步伐，定时进行相关培训，且培训时经费必不可少。同时，公共图书馆的志愿者也是重要组成部分，公共图书馆应加强志愿者服务机制，让更多人参与其中，壮大公共图书馆志愿服务队伍。

3.公共图书馆馆藏文献资源

每个公共图书馆中的文献均非常的珍贵，在采集珍藏时需要制定相应规定。公共图书馆的整体文献资源中还需要有相应比例的少数民族文献，以供公众参阅。当然，对于少数民族的公共图书馆更需要收藏本地区的语言文献资料。另外，呈缴本也需要有相应的制度。呈缴本进入公共图书馆时需要符合相应的入藏制度，其相应的数量及品种等的占比均需要高于地方出版物的70％。各地区的公共图书馆也需要保存、收藏本地区政府所出版的刊物，建立相应的公共信息查询机制，以供公民了解公共信息，增强公共图书馆公共服务。

4.公共图书馆经费资源

公共图书馆经费资源主要指文献购置经费，由各级政府承担，确保专款专用。文献购置经费应与财政收入的增长同步增加。公共图书馆在文献购置经费中安排电子文献购置经费，并根据馆藏结构和文献利用情况逐年提高或不断调整与印刷型文献的比例。

（二）公共图书馆的服务效能

公共图书馆服务效能是指公共图书馆投入的各项资源在满足用户需求时体现的能力和效率，主要规定了基本服务、服务效率和拓展服务等指标。

1.公共图书馆的基本服务

公共图书馆的基本服务包括文献信息资源的检索、阅览、外借，咨询服务，举办读书会、报告会、讲座、展览等读者活动。

公共图书馆的服务时间也有相应规定：通常情况下省级公共图书馆一星期需要在64小时以上，地级公共图书馆一星期需要在60小时以上，县级公共图书馆一星期需要在56小时以上。很多地区有独立的儿童公共图书馆，对于此类针对少年或儿童类型的公共图书馆每星期的服务时间需要在40小时以上。为了更好地促进全民阅读，增加阅读者，公共图书馆在开展活动时不能只局限于公共图书馆内，还需要建立相应的流动站、小型阅读区域或提供外借服务等，促进公共图书馆阅读的推广与延伸，增强流动服务，扩大公共教育。

2.公共图书馆的服务效率

公共图书馆的服务效率通过文献加工处理时间、闭架文献获取时间、开架图书排架正确率、馆藏外借量、人均借阅量、电子文献使用量、文献提供响应时间、参考咨询响应时间等指标体现出来。

针对公共图书馆中文献的加工时间、上架时间等均需要进行相应的计算，通常报纸会在当天上架；期刊之类的为 2 天；图书的上架时间相对不同，通常情况下省级公共图书馆为 20 天，地级公共图书馆为 15 天，县级公共图书馆为 7 天。对应的下架时间以及阅读者的借阅时间规定：已经闭架的文献借阅时间在半小时之内；文献资源需要 2 天内归还。开架的书籍文献资源等需要分类，按顺序摆放，通常要符合《中国图书馆分类法》的规定。整体书籍排架的错误率因公共图书馆规模不同也有所差别，省级公共图书馆错误率须在 4％以内，地级须在 5％以内，县级须在 6％以内。对于文献提供的相应时间，通常为 2 天，一般以阅读人员的请求时间到图书管理人员的回复时间为准，回复阅读者时需要告知具体的时间。对于公众对文献的相应咨询，公共图书馆需要建立完善的咨询体系，为客户提供更好的咨询服务。咨询服务的形式相对较多，如现场咨询、电话咨询、邮箱咨询等。其中咨询时间一般是按照发出时间到回复时间计算。当然，对于现场咨询及电话咨询一类，则需要在最短的时间内回复，2 天的响应时间适用于其他方式的咨询服务。

3.公共图书馆的拓展服务

公共图书馆的拓展服务分为两类：第一，远程服务。互联网飞速发展时代，经济迅速增长，公共图书馆可以充分利用现有的网络资源及公共平台作为传播载体，让阅读者在查找或阅读时不受时间与空间的限制；第二，公共图书馆个性化服务。除了面向公众外，公共图书馆还可以针对个人或企业等提供服务，这样不仅灵活多样，而且具有针对性。

（三）公共图书馆的服务宣传

公共图书馆服务在宣传方面，对导引标识（方位区域标识、文献排架标识、无障碍标识）、服务告示（告示内容和方法、闭关告示）、馆藏揭示和活动推广等加以具体规范。

第一，设立相应导引及标识。公共图书馆中的导引及标识等需要使用我国通用文字来说明，标识标准需要符合国家标准 GB/T10001.1 标识中所列示的公共信息图形第一部分；所使用的符号必须是通用的，大型主体建筑之间需要有对应的导向牌等，公共图书馆的入口地方也需要有明确划分；各个楼层之间也需要有整体的布局图样。公共图书馆的阅读区及文献资源分类等地方设立相应标识，当然，也需要标注出无障碍设施。

第二，公共图书馆服务告知原则。公共图书馆中的服务告知需要让读者了解相应的服务内容及范围等，并且读者也要遵守书籍及资源的使用原则、基本要求等。当因公共图书馆本身故障导致公共图书馆无法为公众提供服务时，需要向相关行政部门报批，并提前一周向公众公布相应情况。例如，网络问题、安全问题、关闭时间、关闭区域等均需要提前告知公众，发布相应公告。

第三，馆藏揭示。现如今网络发展迅速，公共图书馆对馆藏需要建立相应的管理机制；与计算机网络相融合，归类划分电子与纸质等各种载体的资源；建立相应索引，并向公众揭示。馆藏对应的作者、书名及主题等均可以通过索引找到，为公众提供更加方便的阅读服务。当然，相应的网站宣传、资料展示等也必须有，可以通过这种形式向公众推荐最新的资源。

第四，公共图书馆活动推广。公共图书馆需要一定的读者，因此需要通过互联网或报纸等途径进行相应宣传，让公众了解公共图书馆的基本资源与服务，吸引读者参与阅读，提升公民的阅读意识，增强其基本素质。

（四）公共图书馆的服务监督与公众反馈

公共图书馆的服务监督与公众反馈等方面均需要有相应规定，比如公共图书馆需要有相应的意见箱，且需要摆放在显眼的地方，给公众留监督电话及网络监督邮箱等。当然，如果可以的话，还可以加入相应的馆长接待时间，开设监督讲坛或创建监督组织等。公共图书馆管理人员在处理监督反馈时需要充分考虑实际情况，并针对意见或投诉及时回复。

公共图书馆定期进行公众满意度调查也十分必要。公共图书馆应每年至少一次对公众进行相应调查。可以让公共图书馆工作人员调查，也可以委托相关机构调查。调查时采用随机形式为公众发放对应的调查表格，且不能干预被调查者的主观意思。调查表的数量根据公共图书馆规模及受众多少而有所差别，省级调查表的数量在 500 份以上、地级的在 300 份以上、县级的在 100 份以上，且所收回的调查表必须高于 80%，对应的公众满意度也不能低于 85%。另外，调查完毕以后还需要汇总和分析相应的数据，了解公众的意见，并切实运用到公共图书馆中，加以加强，最后将相应的数据建档并保存。

二、公共图书馆服务标准的发展

（一）与时俱进，不断优化

制定的标准与执行程序并非一成不变，时代在进步，需要将相应的标准与执行程序不断地完善与优化。公共图书馆在社会中每时每刻均面临着新的挑战，只有不断创新，积极改变，有问题及时修正，与时俱进，方可发挥标准的作用，标准执行起来方可更具效率。公共图书馆想要建立与时俱进的制度则需要贴近客户需求，贴近经济发展实际，努力打造符合现代公众文化及思想的标准。另外，影响公共图书馆服务标准的还有其他因素，比如说社会发展、技术革新、公共图书馆自身发展方向等，当然用户需求业绩期望值、公众力量等也是重要的影响因素。

（二）保证弱势群体的权利

每个公民都可以使用公共图书馆中的资源。每个公民都是平等的，不会因为年龄、性别及种族语言等的不同而发生改变。公共图书馆在完善服务标准时需要将对应的制度纳入其中，使弱势群体也有相应权利。例如，需要在建筑设施及阅读空间上保证弱势群体可以正常进入馆内阅读，资源及服务等也需要满足弱势群体的阅读需求，增强其文化涵养。

（三）适合国情的服务标准

相对来说，我国的公共图书馆服务方面的意识与创新研究等均比较少，一直沿用传统的公共图书馆服务，对读者的需求重视程度不够，在评估时也多侧重于公共图书馆的整体条件，长期如此并不利于公共图书馆服务的发展。公共图书馆服务标准的制定并非千篇一律，在制定时还需要充分考虑地域及公众分布等，充分发挥服务标准的作用。

我国地域相对较广，人口众多，每个地域均有独特的特点，人口分布及社会经济发展情况均不同。因此想要制定出高质量的公共图书馆服务标准，就需要充分考虑当地受众的需求以及当地的社会经济情况，结合地域实情，不可千篇一律，需要不断吸取经验进行改进和完善，创立出符合我国国情的服务体系。另外，对公共图书馆下的流动图书馆服务也不能掉以轻心，这也是提高公共图书馆服务的关键之一，可以快速地将公共图书馆内部的服务传播出去，让公众全面了解公共图书馆的服务体系。

第四节 公共图书馆的发展趋势

一、公共图书馆馆舍的智能化

智能化的公共图书馆馆舍已经成为公共图书馆的一大发展趋势。公共图书馆的建筑风格及内部设计也应当做出相应的调整，无论是公共图书馆的空间大小，还是实体功能，都应当满足当下人们的需求。将互联网以及先进的电子设备融入公共图书馆内部，对公共图书馆的发展而言无疑是一种推动，智能化的图书馆设备也可以提高公共图书馆的管理效率。

二、公共图书馆收藏的广泛化

公共图书馆最主要的功能就是满足读者的阅读需求，因此公共图书馆的图书质量、数量尤为重要。传统的公共图书馆就是通过图书上架的方式，让读者自行选择图书进行阅读，而现在的公共图书馆已开始使用数字化技术，大大提升了公共图书馆收藏的广泛性。公共图书馆冲破了传统纸质版图书形式的束缚，采用电子化、智能化、虚拟化的技术，为读者带来不一样的阅读体验。此外，特色化的公共图书馆藏书也必不可少，公共图书馆中的图书逐渐趋于多元化、特色化。

三、公共图书馆资源的多元化

由于互联网的大规模普及，我国科学技术水平显著提升，信息化时代已经来临。印刷型的文献在公共图书馆中所占据的位置已经逐渐被非印刷文献所代替。非印刷文献即电子文献，其优势众多，不仅能够解决成本问题、减少环境破坏，还能够使读者阅读更加便捷。但值得一提的是，印刷型文献也在加大投入量。电子文献与印刷文献各自有各自的优势，二者需要相互渗透、互补交融。"中国试验型数字式图书馆项目"的实施是中国数字图书馆建设开始的标志。自此，公共图书馆可谓实现了跨越式发展。电子化图书之所以能够获得大家的认可与接受，是因为强大的互联网络及开放的网络平台为之提供了有力的支持，先进的电子设备提高了公共图书馆的管理效率，最终实现了人们足不出户就可以获取众多资源，满足读者的一切阅读需求。

四、公共图书馆机构的功能化

文献加工流程是传统公共图书馆内部机构设定的重要依据，而现代公共图书馆内部机构设定的原则是服务至上。公共图书馆在传统公共图书馆的基础上进行补充，主要设计了技术部、信息部等原来没有的部分。公共图书馆的管理思想从对书刊、设备、馆舍的管理向对读者、馆员的管理转化。公共图书馆的管理运营体制对于公共图书馆的发展十分关键，公共图书馆改革的首要任务就是对管理体制做出相应调整。

五、公共图书馆馆员素质的学者化

公共图书馆馆员已经成为馆内一大重要的组成部分。公共图书馆馆员不仅需要具备最基础的图书整理、检索能力，还应当了解目录学、文献学等有关图书馆管理方面的内容。为了能够顺应时代的发展，公共图书馆馆员对于高新技术、计算机网络方面的知识也要有所涉及。随着公共图书馆建设的推进，无论是图书的采购、咨询，还是读者的检索、咨询，公共图书馆都采用一体化管理，充分利用互联网所带来的便捷。当然，这对公共图书馆馆员提出了更高的要求，公共图书馆馆员必须具备一定的专业素养，是信息系统的建设者。

六、公共图书馆用户需求的社会化

在网络环境下，无论是个人还是团体，公共图书馆对他们而言都是不可或缺的部分。对于公共图书馆而言，读者也是工作的核心。虚拟化的公共图书馆不仅能够极大地提高管理效率，还能够满足更多用户需求。公共图书馆用户需求的社会化也使得公共图书馆所面向的群体范围更为广泛，读者也逐渐从学者、专家转变为了普通人。

七、公共图书馆服务手段的自动化

对于传统的公共图书馆而言，信息检索主要依赖于人工，人们通过制作卡片、目录、前言等方式来对文献资料进行集中式管理。而现代公共图书馆采用电子化、虚拟化的设备对图书检索及图书管理系统做出相应的调整，使电子设备的功能更加齐全、检索效率更高，同时也扩大了信息检索的范围。人们通过智能化的检索工具自行完成对图书的检索，节省了公共图书馆的人力资源，充分发挥了互联网络的优势，使公共图书馆的发展也逐步趋于多元化、智能化。

现代公共图书馆服务手段的自动化、智能化，使得传统的公共图书馆管理系统发生了翻天覆地的变化。传统的公共图书馆服务类型单一，而现代公共图书馆所提供的服务逐步趋于多元化，用户至上的原则更为突出，为读者提供更为优质的服务始终是现代公共图书馆管理的首要任务。上述所提到的服务可以大致分为以下两类：第一，图书检索、推荐等服务；第二，一系列有关电子图书及文献的服务。这可谓是传统图书与电子图书兼顾，将二者完美融合，共同管理。

公共图书馆所提供的服务也经历了由浅入深的过程。先是为用户提供一系列简单、浅显的服务，后来是为读者提供深层次、实时性、动态化的服务。公共图书馆最初的服务范围相对较小，而随着公共图书馆的普及，公共图书馆的服务范围也随之扩大。数据库的应用是现代公共图书馆的一大重要举措。基于大数据分析，公共图书馆的管理体制更加完善，提供的服务也更加全面，人们可以通过数字设备完成远程学习、智能图书检索，可以充分利用图书资源，凭借当前的移动设备完成信息传递，最大程度地共享图书资源及内容。

八、公共图书馆评价的效益化

公共图书馆在为读者提供优质服务的同时，还需要对每阶段的发展做出评价。公共图书馆评价的效益化对于公共图书馆的发展尤为重要。评价工作的主要目的是发现问题并及时解决，最终实现可持续发展。公共图书馆的评价需要从全方位、多角度开展，办理的条件以及服务的方案都需要结合评价结果做出相应调整。公共图书馆评价并不只是针对公共图书馆本身而言，对于政府部门的工作实质上也是一种考核。政府部门所采取的一系列措施会直接影响公共图书馆的发展，因此对图书馆的评价也是变相的对政府工作的评价。公共图书馆评价的方式多种多样，角度也有所不同，因此选择有效的评价方法十分关键。

九、公共图书馆办馆模式的网络化

在网络环境中，公共图书馆与其他行业共同结为服务联盟，成为有机整体。公共图书馆服务的网络化趋势表现在两个方面：一是图书馆间的合作实现了从传统的馆际互借到现代联合咨询网之间的网络文献传递；二是跨行业、跨地区的公共图书馆之间的互信互通、相互协作。不同公共图书馆之间的联系也不会受到时间及空间的限制。

　　总而言之，随着公共图书馆数量的增多，各大公共图书馆的规模也逐步趋于网络化，无论是信息服务，还是先进的服务手段和方式，国际化、网络化服务联盟等都是衡量其存在的必要手段。

第二章 公共图书馆在乡村文化建设中的重要作用

第一节 营造乡村文化空间

2021年6月，《"十四五"公共文化服务体系建设规划》统筹规划了图书馆空间建设的主要任务，其中包括"建设以人为中心的图书馆""优化公共图书馆环境和功能""营造融入人民群众日常生活的高品质文化空间""拓展与深化公共图书馆服务创新"等。这些任务为公共图书馆空间价值的开发以及服务创新提供了依据，并指明了发展方向。构建集阅读、研讨、创新、交流甚至娱乐于一体的复合型乡村文化空间，是公共图书馆高质量、高效能践行文化传承使命，促进功能转型与服务创新的发展思路。目前，已有越来越多的公共图书馆设立了乡村文化空间，将经典文献集中存放展示，围绕经典文献开展包括阅读指导、读书沙龙、小规模研读、经典专题研讨等在内的阅读推广活动，力求通过空间再造驱动服务创新与氛围升级，拉近大众与经典的距离，这对于启发全民智慧、提升全民素质、传承与发展中华优秀乡村文化意义深远。

一、公共图书馆空间服务

从古至今，公共图书馆建筑作为重要的社会公共类型建筑，在人们的心目中和生活中有着举足轻重的地位。优秀的公共图书馆建筑所蕴含的文化内涵，常常成为业界关注、学习和观摩的对象。公共图书馆空间作为建筑的重要组成形式是供读者学习、活动和交流的特殊社会空间，无论其是有形的物理空间还是虚拟的网络空间，在人类文明的历史发展长河中无不受到社会变迁的影响和面临科学技术发展带来的挑战。

（一）图书馆空间的演变

印度著名图书馆学家希雅里·拉马里塔·阮冈纳赞在《图书馆学五定律》中指出：图书馆是一个生长着的有机体。从古代的藏书楼到现代的图书馆，图书馆这个有机体不断扩张发展，其形态和功能也被赋予了更多的内涵。然而，随着时间的推移，其空间作为图书馆开展服务主战场的优势和地位始终不变。

1.闭环式储藏空间

在我国古代封建社会形态和小农生产经济模式的影响下，古代图书馆的空间形态表现为"闭锁"形式，即以私人"藏书室（楼）"为主，其规模结构与权力地位相配，仅供少数人使用，实行封闭式管理。由于当时社会经济、文化水平相对落后，原始文献载体珍贵，文献利用与传播不便，再加上封建社会的自我封闭特征，当时的图书馆功能单一，仅是储藏文献的空间，重视藏书而轻视利用，藏书构成完全由藏家的兴趣决定，构成了一个自我循环的闭环系统。随着封建社会生产力的不断提高，文献载体与传播发生巨大变化。古代图书馆的藏书主体逐渐向非统治阶级转移，私人藏书数量逐渐扩大，促进了古代图书馆社会形态的进一步发展。

2.开放式公共空间

进入近代社会，图书馆呈现出不同于古代图书馆的一种质变飞跃，即面向社会大众开放，打破了自我封闭式的循环系统，开始探索建立为社会公众提供文献服务的理念。首先，图书馆作为社会文化机构的地位被确立，图书馆空间除了储藏文献，开始接纳社会公众到馆利用，图书馆的社会教育功能、文献传播利用功能、文化遗产保存功能等多项潜在职能被激发出来；其次，开始根据不同的服务类型和公众需求对图书馆进行分类，这成为近代图书馆的主要形式，图书馆空间突破了"以藏为主"的形态模式，向"仓用并重""以用促藏"

的模式转变；最后，图书馆的文献管理水平得到提高，管理手段得到丰富，文献目录学理论的实践应用使得文献的整理归纳更加有序，同时图书馆之间的交流与合作推进了图书馆事业的整体发展。

3."高科技式"的互动空间

20世纪，电子计算机的广泛应用与普及使人类迈入了信息社会。信息社会的快速发展推动了近代图书馆向现代图书馆的转变，图书馆由此开启了现代化进程。随着信息社会网络化、信息化的发展，信息量急剧增加，加之文献载体电子化形式的出现，使得文献储藏空间受到挑战，图书馆的储藏空间演变为实体空间和虚拟空间。与此同时，社会大众的需求也在不断地发生变化，图书馆提供的文献服务已不能满足社会大众对图书馆空间利用的需求。社会大众希望图书馆成为他们生活的"第三空间"，成为一个存在于生活中的集学习、交流、体验、休闲、舒适于一体的空间场所。随着现代技术手段和科学管理手段的广泛应用，图书馆空间在藏借阅空间的基础上，不断呈现出多功能、多样化、个性化等相融合的特征，与社会大众之间呈现出高度互动的发展趋势。

（二）公共图书馆空间服务形态

公共图书馆空间服务是公共图书馆整合自身的资源（包括电子、纸质和网络资源）、人力、技术和场地，为用户提供的人性化、个性化、全方位的智慧服务，旨在促进读者自主学习，激发读者的灵感和创新思想，是公共图书馆改革与发展的方向。社会的进步、科技的发展与日趋精准化、个性化、多元化的读者需求，都对公共图书馆空间服务提出了更高的要求。打造融文化、学习、交流、创新于一体的复合型图书馆空间服务形态，成为图书馆促进功能转型与服务创新的重要途径之一。

1.文化空间

公共图书馆是保存文献资源的物理空间，同时也是保存、整理、挖掘和共享资源的服务空间。它一直以来都以公共文化空间的定位出现在大众面前，促进知识文化在用户和公共图书馆之间的传播，从而使公共图书馆文献资源中的显性知识和隐性知识得以再生产和有效传承。对于公共图书馆的文化空间形态，我们可以从以下两方面来理解：

（1）公共图书馆实体空间表现出浓厚的文化气息、独特的地域特色和深刻的时代特征，通常被视为一个地区或学校的重要标志性建筑和人文景观，传承着人文精神和历史文化。除此之外，公共图书馆还拥有丰富的馆藏资源，如地方文献资源、古籍资源及其他特色资源等，这些资源是人类智慧和时代进步的结晶，具有强大的文化底蕴和独特内涵，为公共图书馆的文化服务和文化创新提供了有力支撑。

（2）为了更好地践行提供文化服务、传播中华文化的职责和使命，公共图书馆应以专业理论和核心价值理念为指导，积极挖掘文化资源内涵，拓展文化服务方式，引领当地文化建设。当前，公共图书馆文化服务创新蓬勃发展，如提供文化志愿服务、致力于地方文化品牌打造等，有效提升了公共图书馆文化空间的价值和效能。

2.学习空间

公共图书馆的纸质资源和数字资源丰富，涵盖的学科和领域也十分广泛。同时，公共图书馆配备了完善的学习设备，提供全方位的信息服务，具有浓郁的学习氛围，为用户打造了优质的物理学习空间。除此之外，公共图书馆也是互动交流的信息共享空间，支持学习、研讨、交流和实践等活动的开展，促进自主式、交互式及体验式学习的发展。读者不仅可以通过自主学习获取馆藏文本知识的显性知识，还可以在共享空间中获取隐性知识，并通过两种知识相互交融的方式形成自己的知识体系，进而强化公共图书馆作为学习空间的意义，让公共图书馆真正成为"没有围墙的大学"。公共图书馆正在不断完善馆藏资源建设，探索空间服务重构方案，如讨论区域、研修室、多功能厅、创意空间及休闲区等学习空间，意在打破物理空间的界限，提高公共图书馆在空间服务方面的能力。

3.交流互动空间

公共图书馆是全社会公民共同拥有的开放共享的文化空间，是一个地区核心价值的具体体现。该空间为读者提供多种交流方式，读者可以从自身需要出发参与不同的交流活动，从中获取感兴趣的信息资源，也可以在交流中与人分享自己的资源，实现共同提高。当前，公共图书馆开放交流的趋势日益增强，通过设计方案、整合资源、组织引导交流分享活动，完善用户信息与社交网络，以用户需求带动公共图书馆空间服务的发展，实现服务的主客体共同进步。同时，我们也要看到，信息干扰是信息爆炸式增长所带来的负面效应，让本就参差不齐的公众信息素养水平愈加两极分化，而公共图书馆的专题讲座、学术沙龙、阅读分享等活动会在不同程度上为消除读者间的信息鸿沟做出贡献。因此，打造公共图书馆交流空间可以为公众提供便捷的信息交流平台、拉近读者间的距离、促进信息共享，这也是当下公共图书馆的重要发展方向之一。

4.创新空间

随着"双创"（大众创业、万众创新）的深入发展，创客文化和创客运动方兴未艾。在这种背景下，公共图书馆利用国家财政支持、自身丰富的馆藏资源和完善的服务体系等优势，积极探索众创空间的构建。例如，上海图书馆的"创·新空间"由阅读空间、信息共享空间、创意设计展览空间、全媒体交流体验空间和专利标准服务空间组成；广州图书馆的"创意设计馆"则包括制作区、设计区、交流区、展示区和文献区等；辽宁省图书馆众创空间分为智能会议区、创客办公区、智汇学习区、创新实践区、智能输出区、资料查阅区和分享讨论区七个功能区域，配有能实现智能会议、无纸化办公的多人互动讨论桌，能进行动画、影视创作的 BOXX 工作站，工业级的树脂粉末 3D 打印机等高科技设备，为创客们提供工作空间、网络空间、社交空间和资源共享空间，同时提供知识分享、创意交流、政策咨询、专利检索、产品信息发布等服务。可以看出，公共图书馆创客空间的追求是知识、学习、分享和创新的价值内涵。构建公共图书馆众创空间可以引导读者利用公共图书馆的设施和资源，激发公众勤学善思，提高其创作热情和创造能力，同时也可以促进科技和文化的深度融合发展，深化公共图书馆的创新服务职能，使公共图书馆空间服务向着智慧化方向升级。

（三）公共图书馆空间再造原则及发展策略

公共图书馆空间再造经历了从传统"书的空间"定位，到"数字空间"重构，再到"第三空间"共识的发展历程，从多个方面重新定义了公共图书馆的服务。有些学者认为，公共图书馆的空间再造应更加贴近读者的阅读习惯和需求，不仅应该成为本地文化交流与传承的中心和社会学习的平台，而且应该融入互联网思维，从功能架构、要素布局、生态营造等方面构建智慧型空间结构形态，以不断处理好多元空间的融合与交互以及空间多元属性的表达与传递。

1.国内公共图书馆空间再造实践概述

随着社会经济和文化的高速发展，公共图书馆空间再造的理念逐渐被国人知晓。我国的公共图书馆空间再造运动逐步兴起并达到了高潮。许多公共图书馆在空间再造方面进行了实践和探索，取得了不俗的成效，并且范围覆盖全国。例如，苏州第二图书馆打造了苏州文学馆和音乐图书馆等特色馆中馆，并设有研讨区和展览厅等公共文化服务空间，为读者提供了包括休闲、阅读、交流、分享和体验等多种形式的、多元化的空间服务资源；南京图书馆开辟空间建设"国学馆"古籍文化空间，主要展示南京图书馆的珍贵古籍馆藏文献资源及承载相关的阅读与文化活动，"国学馆"内部设计从颜色选择到背景装饰全面贴合服务主题，营造出一种中式国学风的阅读休闲体验氛围；太原市图书馆在馆内建设了马克思书房，是集展览展示、教学讲座、趣味活动、数字阅读等多种功能于一体的文化空间，实现了红色文献的跨领域整合和红色主题阅读推广服务的创新；长沙市图书馆别有创意地构建了长沙人文馆、玩具图书馆、新三角创客空间、多元文化馆、阅读花园和咖啡书吧等多个文化功能空间，空间内功能布局合理，服务设施先进，致力于将图书馆打造成为城市的"文化综合体"。

2.公共图书馆空间再造的原则

（1）以读者需求为导向的原则

公共图书馆服务的出发点在于最大限度地满足公众日益增长的精神文化需求，只有确切识别读者的服务需求，才能够提供更具针对性的公共文化服务。

公共图书馆不仅是一个文化设施，而且是一个独特的、受到市民喜爱的城市公共空间。因此，在公共图书馆空间再造的过程中，应将按需提供服务作为空间再造应遵循的最基本的原则，注重以读者需求为导向来设计对外服务区域，从空间的规划、布置到阅览桌椅的陈列，都蕴藏着以读者需求为导向的设计原则，如在一楼大厅设计了简餐区、咖啡区、数字阅读体验区，在各个服务区域都设计了读者研讨室，体现了对读者的人文关怀。

（2）效能主导的原则

提升公共图书馆的服务效能是构建公共文化服务体系的新要求。因此，在空间再造的过程中，也要着重对服务效能进行考量，即设施、资源、服务能否与读者需求有效对接，读者对公共图书馆的利用范围、程度、效益能否实现最大化。在公共图书馆空间布局规划的过程中，最好将少儿服务区、特殊群体服务区、24 小时自助服务区、展厅、报告厅等设置在一楼，并设计多媒体体验墙、儿童涂鸦墙、室内园林景观等，努力为读者打造舒适、温暖的空间，体现科学与艺术、技术与人文的交融。通过空间再造，最大限度地提高公共图书馆的服务效能，吸引读者将公共图书馆作为终身学习的场所。

（3）惠及全民的原则

公共图书馆是公共文化服务体系的重要组成部分，惠及全民是公共文化服务体系建设的重要目标。公共图书馆在空间再造的过程中，应将惠及全民作为重要原则，充分考虑对城市与农村、发达地区与欠发达地区、普通群体与特殊群体等的服务，使公众的基本文化权益得到保障，如特殊群体服务区可为视障读者、老年读者提供服务；少儿服务区可为儿童、少年提供服务；同时还应积极为进城务工人员、农村留守儿童提供服务。

（4）为地区经济社会发展服务的原则

公共图书馆是一个生长着的有机体，在空间再造时，要做出具有前瞻性的规划，以保证为地区经济社会发展服务。例如，为了配合国家提出的"双创"战略，设置众创空间，为企业创新、创业提供设施、资源服务，同时还将企业的创新成果与公共图书馆服务相结合；设置东北抗联历史资料馆，将征集、整理、开发东北抗联文献作为地方文献工作的重要内容。

3.公共图书馆空间再造发展策略

（1）打造虚实结合的空间发展模式

现代科技的发展为公共图书馆行业提供了技术支持，使得公共图书馆能够实现服务"泛在化"的目标。这种服务模式的显著特点是无处不在，不受空间的限制。因此，公共图书馆需要发展与之相配套的服务模式、增加服务项目和服务场景等内容，以支持"泛在化"的发展趋势。常见的"泛在化"的服务模式包括提供无线网络的自由空间、智能互联的全方位阅读、智能载体的实时体验、24 小时的自助借阅、数字媒体的融合平台、大屏触控的信息幕墙等。公共图书馆可以通过网络方式随时随地为用户提供"泛在化"服务。在"互联网+"和"云计算"的背景下，各个公共图书馆之间的合作不再受地域限制，资源和服务可以共建、共享，让读者在不知不觉间享受到公共图书馆提供的数字文献保障服务。当前阶段，读者前往公共图书馆已经不再仅仅是为了借书或阅读，他们或许只是想利用公共图书馆提供的无线网络或进行一些智能体验。这些新的需求都体现了公共图书馆的价值，并成为吸引用户利用公共图书馆资源的理由。

（2）提供分众化空间服务

作为处于现代网络环境下的新型文化服务机构，公共图书馆可以为特定读者群体提供个性化空间，如家庭作业空间、考研学习空间、资格考试学习空间等，以满足不同读者的需求。伦敦的"概念店"是一个很好的例子，它不仅强化了社会教育的主要职能，而且还根据不同群体的需求细化服务模式，利用公共图书馆所拥有的大量信息资源、教育设施和舒适环境，提供分众化服务。公共图书馆还可以为用户提供更多的个性化交流空间，如少儿体验区、老年人阅览区和数字化服务区等。此外，共享空间也越来越引发重视，公共图书馆可以为读者提供氛围十足的包括网络、场地和工具的专门空间，让志同道合的读者聚集在一起，激发他们的创造性和设计灵感。读者也可以将各种创意工具带到公共图书馆进行交流和切磋。无论是新馆空间的设计还是旧馆空间的改造，要建造成为一座现代化的公共图书馆，都必须充分利用现代科技的条件，秉持分众细化的服务理念，以人为本，为读者提供更加个性化、贴心的服务。

（3）构建双向互动的空间服务体系

体验互动理念和"第三空间"理念是相互关联的，它们都是建立在"互联网+"技术支持下的一种新的认知。这些新技术不仅变革了公共图书馆的服务内容和服务模式，也增加了用户的参与程度。互动空间更加强调公共图书馆与读者之间的双向交流，不仅仅是公共图书馆单向提供信息给用户，同时也可以通过与用户的实时互动得到反馈信息。公共图书馆不仅可以提供现实空间中的阅读、竞赛、讲座、展览、研讨、交流等互动体验，还可以提供粉丝点评、个性推送、图像传递、视频欣赏、远程咨询、网络直播等网络空间的互动体验。体验互动空间除了满足读者的服务需求，还为读者带去了良好的情感体验，让读者在良性互动的过程中建立起舒适感和归属感，尤其是各类新科技体验还让读者感受到服务的平等与广泛存在。例如，2021年开放的中国国家图书馆新阅读空间——"沉浸式"阅读体验区，《永乐大典》VR（虚拟现实）产品首次与读者见面，这是基于中国国家图书馆馆藏的《永乐大典》，利用文字、图片、音视频、展览等资料，采用"5G+VR"技术集成4K/8K全景视频拍摄、三维动画制作等技术手段，让书写在古籍里的文字活起来，为广大读者打造身临其境、跨越时空的文化体验。

二、公共图书馆乡村文化空间构建

（一）乡村文化空间

乡村文化空间是集思想、文化、审美、休闲等多种元素于一体的阅读空间和休闲驿站，读者在这里可以阅读中华乡村文化经典图书、欣赏乡村文化创意产品，还可以以书会友，进行文化沙龙等活动。已有一些公共图书馆通过专门的服务空间开展中华优秀乡村文化的传播推广。例如，中国国家图书馆国图书房、吉林省典籍博物馆、江西省典籍博物馆、南京图书馆国学馆等，为走进公共图书馆的广大读者提供了更加专业、全面、多元的服务。

经典阅览室是公共图书馆打造乡村文化空间的典型范例。有关公共图书馆经典阅览室建设的呼声最早可以追溯到 2008 年的"世界读书日"。当时，北京大学信息管理系主任王余光教授在深圳图书馆"为读书与人生"系列专题讲座上建议各地图书馆应增设经典阅览室。随后，他的演讲稿被《光明日报》刊登，并在其中强调了经典阅读对于读者的重要性。他提出了关于为什么要设立经典阅览室以及如何建设经典阅览室的可行性建议，包括空间功能的设计、经典书目的选择、经典阅读活动的开展以及馆员的配置等方面。由此，公共图书馆开始重视经典阅读，并试图设立经典阅览室来鼓励和指导读者的阅读。

（二）乡村文化空间的功能

1.存在即育人

习近平总书记多次指出，要努力用中华民族创造的一切精神财富来以文化人、以文育人。中华乡村文化所倡导的思想包括爱国主义、进取精神、民本思想、诚信意识、生态理念、人际交往法则和国际交往准则等。这些思想都深刻蕴含了讲仁爱、重民本、守诚信、崇正义、尚和合、求大同的理念，是中华文明传承和发展的优秀精神和基因。这些思想不仅坚持经世致用的原则，还注重发挥文化教化功能。同时，其将对个人、社会的教化与对国家的治理结合起来，是文化育人的宝贵资源。在当今信息泛滥的社会中，公共图书馆应积极创建乡村文化的空间。通过精心挑选馆藏、推荐主题、整合智力资源，引入社会力量，举办与思想文化密切相关的各种活动。公共图书馆能够吸引更多的读者，激发读者的兴趣和思考，让他们在特定的氛围中感受到国学所蕴含的乡村文化之美，使公共图书馆达到文化育人、空间育人的目的。

2.提供经典阅读空间

对很多读者而言，阅读经典文献具有相当的难度。读者需要在纸质经典读物中静心钻研、深度阅读，才能更好地理解其内涵。纸质阅读通常与特定的空间相关联。在过去，传统的家庭书房是家人修身养性、追求知识和智慧的场所，是文人雅士心灵寄托的空间。可以说，书房在家庭经典教育中扮演着至关重要的角色。如今，家庭书房已经越来越少，家庭藏书也变得不再寻常。而公共图书馆的经典阅览室不仅可以提供经典读物，还为读者配套了阅读纸质经典文献的空间，这是设立乡村文化空间所要解决的第一个问题。通过创建经典阅览室，公共图书馆延续了中国传统家庭书房的功能。在浓郁的经典氛围熏陶下，一方面可以培养儿童的阅读习惯和兴趣，另一方面也为读者提供了一个适合深度阅读经典的专用空间，让人们在家庭休闲日里能够有一个理想的去处。除此之外，经典阅览室也为读书沙龙、传统技艺展演等经典阅读活动提供了必要的空间环境，从而在书目选择上引导读者阅读有价值的书籍。

3.提供经典阅读指导

设立经典阅览室所针对的第二个问题是对儿童阅读和经典阅读的指导。对于儿童来说，家长和馆员应该协助他们选择适合的读物。同样，对于一般读者来说，也需要有关辨别古今中外图书之精华与糟粕的指导。历史上，前辈学者开具了大量的推荐书目，从唐末士子读书目到 20 世纪以来的知名学者如梁启超、胡适所编写的一系列书目，都具有时代性和思想性的特点。然而，随着时间的推移，推荐书目的效力逐渐减弱，这也要求公共图书馆制定适用于当下读者阅读的书单。因此，乡村文化空间不仅提供一个阅读空间，更重要的是提供一个指导读者阅读经典的机构，其主要任务是指导读者阅读经典读物。

（三）构建乡村文化空间路径探析

1.空间设置："硬装修"与"软装饰"兼顾

（1）氛围营造

在构建乡村文化空间时，公共图书馆应认真考虑如何打造融国风元素与空间美学于一体的阅读环境。对于一些读者来说，由于家庭条件的限制，他们可能无法在家中划分出一个专门的区域用于阅读，公共阅读空间恰好可以弥补这一不足。因此，公共阅读空间的装饰装修显得尤为重要。公共图书馆在建设乡村文化空间时应借鉴并吸收古代藏书楼和书房的中华传统阅读文化特点，打造一个舒适、雅致、轻松的阅读氛围，并在此基础上赋予其多元价值与功能，包括文化性、实用性、交流性等。

在对乡村文化空间进行功能区划分时，公共图书馆需要充分考虑动静区域的分离，尤其要注意自由交流的空间设计。一些西方公共图书馆采用相对封闭但透明的空间来供读者进行学习和交流，这样既不会干扰到其他读者，同时也能让几个好友"奇文共欣赏，疑义相与析"。除此之外，公共图书馆还需要设置相对宽敞的区域，以开展各种经典阅读交流活动，如讲座、读书会、学术沙龙以及庆祝作者诞辰、世界读书日等与经典相关的热点纪念日品读活动。

在建设经典阅读空间时，公共图书馆还应结合阅读心理研究和空间设计研究，进一步考虑色彩搭配、灯光布局和家具选择等一系列可能影响读者阅读体验的因素，让读者能够沉浸其中，感受阅读带来的愉悦。

（2）图书遴选

除了氛围营造以外，遴选经典书目用于乡村文化空间集中展示更是重中之重。经典阅览室中的书籍主要可以分为两类：第一类是中外经典。关于经典的定义，古今中外已经有很多论述。总的来说，经典作品应该是被广泛接受、具有广泛影响力且历久不衰的作品。阅读推广专家王余光教授推荐了一些书目，如《中国读书大辞典》、《影响中国历史的三十本书》、《中外推荐书目一百种》、《中国读者理想藏书》和《中国家庭理想藏书》等，供公共图书馆在选择书目时参考。第二类经典是乡贤著述，由公共图书馆自行把握。乡邦先贤的著述是一个地区文化发展的代表，公共图书馆可以利用自身的地理优势，对所在地区的乡贤著述进行精选和展示。这样做不仅可以增强读者对本土文化的自信心，还可以让读者更容易接触到与其生活环境和习俗更贴近的内容。因此，这种做法受到读者的广泛欢迎。

2.服务模式：版本、书目、荐书、活动并重

（1）经典书籍版本多样化

乡村文化空间内展示的书籍本身便具有指导经典阅读的作用。公共图书馆

应该对中外经典和乡贤著述文献进行合理的摆放布局。在图书陈列时，应该明确区分这两类著作，以引导读者更有效地进行选择。同时，对于邀选出的每一部经典，公共图书馆应该选择多种优秀版本供不同的读者选择阅读。例如，《古文观止》有许多版本可供选择。就近年出版的两个版本而言，南京大学出版社的《古文观止》大字注音全本有题释、拼音大字正文、注释，更适用于中学生阅读；而中华书局出版的《精校评注古文观止》则更适用于具有一定基础、想要更深层次阅读、学习古文的读者。

（2）经典阅读推荐书目系统化

对于"读什么经典"这个问题，存在许多争议。1923年，胡适先生和梁启超先生分别编撰了一份国学阅读推荐书目。梁启超先生对于胡适先生所提出的最终稿《实在的最低限度的书目》进行了批评，认为其"文不对题""博而寡要""望漏太多"。推荐书目易受所处时代背景的影响，且不可避免地带有个人主观性。针对这个问题，公共图书馆做了大量的探索性工作，注重推荐书目发布的系统性，以更加全面、具体地指导读者阅读经典。公共图书馆是非营利机构，其发布的书目比营利性机构更加可靠和有说服力。例如，黑龙江省图书馆龙江书院每年推出《家庭经典阅读书目》，指导家庭收藏和研读，为打造书香家庭做出贡献；沧州图书馆每年在狮城读书月组织专家推荐30本经典图书，编制并发布《遇见经典—狮城读书月推荐书目》，受到读者和家庭的关注，对传播中华优秀乡村文化起到了一定的推动作用。

（3）经典阅读刊物栏目多元化

公共图书馆可以通过编撰内部刊物的形式，深入进行经典阅读推荐书目的阅读推广。例如，深圳图书馆的《行走南书房》阅读交流刊物，基于其所发布的《深圳图书馆南书房家庭阅读经典书目》，特设"经典讲坛""名人谈阅""经典重现""经典品读""馆员评书"等栏目，其中"馆员评书"栏目由深圳图书馆馆员提供书评，通过馆员带头阅读经典推荐书目、撰写书评，为读者提供更贴近本地读者思考和阅读的指导。除此之外，公共图书馆还可以在刊物中详细介绍每一本著作的优秀版本，选择作者生平、著作内容、名家推荐等关键内容进行导读提要。即使许多公共图书馆受到条件等因素的限制尚未能设立经典阅览室，它们仍可以编撰与阅读推广相关的内部刊物，并将其放置在阅览室供读者随意取阅。

（4）经典阅读推广活动多样化

深圳图书馆以"南书房"经典阅读空间为活动平台，每周组织"深圳学人·南书房夜话"沙龙活动。此外，深圳图书馆还举办多种形式的经典阅读活动，包括主题征文、主题展览、专题讲座等。沧州图书馆的"遇书房经典阅览室"推出了多种系列阅读活动，包括中华乡村文化大讲堂、"遇鉴"读书沙龙、国学讲座、经典读书课和经典导读班等，旨在深入挖掘和传承中华乡村文化，提高读者的阅读素养和阅读体验。南京图书馆的国学馆则每周定期举行国学经典阅读系列讲座，推荐和展示国学经典书目，注重营造国学经典阅读氛围，深化读者的阅读感受。通过这些活动，南京图书馆致力于传承和弘扬中华乡村文化，提高读者的文化素养和阅读水平。

除了上述列举的经典阅读活动，公共图书馆还可以选择某位作家的诞辰或与经典阅读有关的重要时刻，将有关作品加以展示和陈列，以增强读者的认知和兴趣。此外，公共图书馆还可以以某本经典著作为主题，开展递进互补的阅读推广活动，引导读者阅读传统经典原著；提供优秀的释义版本，以协助读者理解；还可以提供与著作相关的研究书目，以深化读者的了解。这些书目也可以进一步成为经典阅览室经典书目的更新与补充。

第二节 创新读者活动

2019 年 9 月 10 日，习近平总书记在给国家图书馆 8 位老专家的回信中指出，"图书馆是国家文化发展水平的重要标志，是滋养民族心灵、培育文化自信的重要场所"。依据《中华人民共和国公共图书馆法》的指引，全国公共图书馆积极展开读者活动，这不仅是现代公共图书馆功能的扩展，也是公共文化服务方式的升级，同时也是加强文化建设、增强文化自信和建设文化强国的有力手段。公共图书馆应该将读者活动视为向人民群众传播中华优秀乡村文化的主要手段，让大众在活动中学习、体验、感悟、交流、传播乡村文化，让乡村文化真正落地生根，走进大众生活。在活动中，读者不仅是服务的对象，也是活动的参与者。大力开展内容和形式各异的读者活动，特别是中华优秀乡村文化的推广活动，不仅是公共图书馆读者服务工作的核心和关键，也是现代公共图书馆"一切为了读者"的服务理念的充分体现。

一、公共图书馆读者活动

读者活动是指公共图书馆以促进资源利用、服务读者为目的，以广大读者及潜在读者为服务对象，在特定时间内举办或参与的、区别于常规读者服务内容的业务活动。

（一）读者活动开展现状

随着网络、数字技术的快速发展，公共图书馆在开展读者活动方面已经发生了巨大的变革。传统的征文比赛、读书会等单一形式已经不能满足读者需求，公共图书馆正在积极拓展读者活动的方式和路径，陆续推出展览、讲座、阅读分享会、培训、快闪、情景诵读、传统技艺秀等多种活动形式。如今，读者活动已经成为公共图书馆的核心业务之一，各类读者活动持续开展并且亮点纷呈，助力公共图书馆事业迈上新台阶。

1."3+n"的基本活动模式

目前我国公共图书馆开展的读者活动，通常采用"3+n"的模式。其中，"3"代表展览、讲座和其他活动，而"n"则指除这三种活动形式以外的其他形式，如培训辅导等。一项调查显示，"3+n"模式已经成为我国各级各类公共图书馆读者活动的基本模式。

2.普遍进行，创新开展

目前，我国公共图书馆的读者活动得到广泛开展，呈现出众彩纷呈的态势。从北部地区的内蒙古自治区图书馆到南部地区的海南省图书馆，从西南地区的西藏自治区图书馆到东北地区的黑龙江省图书馆，全国范围内的公共图书馆都在积极创新读者活动，不断扩展读者活动服务覆盖人群和范围。

3.注重体现地域文化主题

鉴于国内省级公共图书馆均设立于省会城市，各地的活动主题与省会城市的区域位置和城市历史文化紧密相关，因此这些活动主题具有较强的区域历史文化属性。例如，山东省是孔孟之乡，是儒家文化的发源地。山东省图书馆的读者活动以儒学讲坛为主线，在全省公共图书馆修建了尼山书院，开展国学经典传承、礼乐教化、道德实践和情操培养等活动。其举办的"孔子公开课"和"孟子公开课"深受读者好评。又如，成都是戏剧之乡，在唐代就有"蜀戏冠天下"的说法。川剧是四川文化的一大特色，是西南地区戏曲文化符号。因此，四川省图书馆举办了川剧系列讲座，邀请川剧表演名家和戏剧理论专家，讲解川剧的五种声腔和五类角色行当的戏剧常识。

4.新媒体传播提升宣传效能

随着网络技术的迅猛发展，传统媒体如广播、电视和报纸等在传播方面的竞争力逐渐削弱，而新媒体的互动式传播正呈现出越来越强劲的势头，有取代传统媒体之势。新媒体不但能满足宣传工作对新闻时效性的要求，而且传播速度更快，易于操作，能够在第一时间完成多维度推送，包括文字、图片、语音和视频等。同时，利用新媒体平台如微信、微博、抖音等开创了平台宣传的新模式。在宣传报道方面，重大活动采取了省、市、县（区）、乡（街道）、村（社区）多级联动和多层联动的全媒体方式进行宣传和传播，强调宣传报道的多样性和公共图书馆特色服务，以适应读者的碎片化阅读、移动阅读和终端阅读的需求，宣传工作呈现出及时、多样、灵活等特点。

（二）读者活动特色

随着全民阅读的发展，公共图书馆的读者活动蓬勃发展，举办了许多形式多样、内容丰富的活动，涌现出一大批主题独特、品质卓越的活动品牌。

1.内容：传承文化根脉

公共图书馆通过举办国学类讲座，对历史事件和历史人物进行解析，引导读者阅读历史、铭记历史、以史为鉴，传承和弘扬中华优秀传统文化。这种努力具体体现在两个方面：一是继承优良乡村文化，二是吸收总结历史经验和教训。这种"合二为一"的做法，不仅表达了对乡村文化的尊重，同时也发挥了公共图书馆在提高公民科学文化素质、促进社会文明进步和传承人类文明的核心作用。例如，四川省图书馆举办了"默化——古籍里的传统医学文化与当代生活、艺术的潜移"展览，展示中医美学；陕西省图书馆则举办了"乞丐皇帝——朱元璋的功业与局限"讲座，深度剖析朱元璋执政的功业和人格的局限；湖南图书馆举办了主题为"《史记》何以称《离骚》"的讲座；江西省图书馆则举办了"《走进论语》，品读孔子的人生智慧"等活动。

2.功能：架设沟通桥梁

公共图书馆举办读者分享会和作者见面会，让读者和作者通过书籍和阅读对话，建立起一座心灵沟通之桥，借助书籍传递历史知识。例如，陕西省图书馆邀请作家郑小悠携新书《年羹尧之死》，剖析了年羹尧大起大落的人生经历；四川省图书馆举办了主题为"希望，绽放在大凉山——《悬崖村》"的阅读分享会，作者阿克鸠射讲述了村民攀爬800米悬崖回家的故事以及如今悬崖村正在发生的历史性变革。

3.对象：受众涵盖广泛

根据《公共图书馆宣言》，每个人都应该有平等享受公共图书馆服务的权利，而不受任何限制，包括但不限于年龄、种族、性别、宗教信仰、国籍、语言或社会地位。2016 年，我国公布的《中华人民共和国公共文化服务保障法》中明确规定："各级人民政府应当根据未成年人、老年人、残疾人和流动人口等群体的特点与需求，提供相应的公共文化服务。"2018 年 1 月 1 日起实施的《中华人民共和国图书馆法》中规定："政府设立的公共图书馆应当考虑老年人、残疾人等群体的特点，积极创造条件，提供适合其需要的文献信息、无障碍设施设备和服务等。"2018 年修订的《中华人民共和国残疾人保障法》中规定："根据盲人的实际需要，在公共图书馆设立盲文读物、盲人有声读物图书室。"

4.宣传：借力名人效应

邀请知名人士参与活动，可以直接向公众传递崇尚阅读和学习文化知识的正面能量，这对于提高公民文化素质和推广全民阅读具有引领和示范作用。与此同时，知名文化人士参与的活动也能够增加社会关注度，进一步扩大公共图书馆在社会上的影响力。例如，南京图书馆邀请时任故宫博物院院长的单霁翔举办专题讲座，他分享了自己任职期间带领故宫博物院迈向世界一流博物馆的卓越历程；四川省图书馆邀请澳大利亚著名动物学家珍·古道尔举办讲座，她分享了自己 38 年来研究动物的经验，呼吁人类保护自然环境和地球，吸引了大量听众到现场听讲，同时也通过线上直播吸引了近 18 万人次的参与；另外，陕西省图书馆邀请著名作家、中国作协名誉副主席王蒙先生举办讲座，他分享了自己 60 多年的创作历程和丰富的写作经验，鼓励听众多读好书，从阅读中获得人生智慧。以上名人在全国各地举办了多次讲座，一票难求，名人效应显著，活动产生了巨大的社会反响。

5.营销：彰显品牌特色

公共图书馆开展读者活动，须树立品牌意识，注重品牌建设，彰显品牌特色。例如，宁波市图书馆"天一讲堂"始终致力于打造焕发全新生机的文化品牌，在开展文化讲座时，注重发展多主题的文化讲座，除了乡村文化、红色文化、宁波文化之外，还有书法文化、国学文化、宋代文化、民俗文化、乡土文化、艺术文化等主题。"天一讲堂"积极关注时政热点，策划推出回眸奥运特别讲座"一鸣惊人的'宁波射击'——在冠军家乡的图书馆遇见奥运冠军之师"、国庆专场讲座"人·法·共同富裕"、2022年冬奥会特别讲座"绽放在冰雪世界的生命之花——冬奥会的文化与审美"等，打造接地气的讲座品牌。"天一讲堂"还着墨多宣传，在官网、微信、微博、电视图书馆、报刊、手机客户端、新媒体等平台宣传讲座信息，提高关注度，铸造有名气的讲座品牌。比如《宁波日报》《宁波晚报》《都市周报》《江南游报》、音乐广播等媒体皆对"天一讲堂"创建十五周年相关事宜竞相报道，无形中增加了"天一讲堂"的美誉度。

6.宗旨：重视读者需求

满足读者的知识文化需求是公共图书馆举办活动的直接目的，没有读者需求，公共图书馆活动就失去了自身存在的价值。因此，公共图书馆在开展活动期间，需要关注到读者的需求，才能更好地服务用户。例如，随着社会的进步和人们物质生活水平的提高，公众开始对精神层面的追求越来越感兴趣。为了满足普通百姓的艺术需求，公共图书馆举办了各种形式的文化艺术活动。辽宁省图书馆推出"流光溢彩说头面·国粹流芳赏传奇"——戏曲服饰文化展示欣赏和体验活动，通过实物加展板展示，揭示京剧幕后传奇的头面艺术，再现"头面中的艺术""头面中的故事""头面中的工艺"；通过体验课讲解和学习头面的制作，试戴戏曲服饰，感受京剧头饰艺术的独特魅力，以独特方式呈现中国戏曲服饰文化的形式和内容，让读者立体生动地体验乡村文化与京剧文化。

（三）读者活动发展策略

公共图书馆的读者活动都是以"阅读推广"为核心目标的，不仅包括向读者推荐阅读材料，还包括提高阅读能力、培养阅读兴趣、养成阅读习惯、提升阅读品位以及营造良好的阅读氛围。鉴于阅读推广工作内容和形式的复杂性、系统性，以阅读推广为大概念和大框架、面向读者开展的各类阅读活动将长期存在于公共图书馆工作流程之中。

1.读者活动内容整体化

所谓整体化，可从两个层面上理解：一是针对同一项阅读推广内容，采取多种活动形式有机融合的方式。如在大型系列阅读推广活动中，可采取专家讲座、读者交流、在线竞赛、成果展示等多种方式同步进行。即使是小型的阅读推广活动也应注重推广方式的交叉综合运用，起到"1+1>2"的推广效果。二是在一定区域范围内同步开展多项同一主题的阅读推广活动，上下互通、多方联动，实现百花齐放的效果。

2.读者活动形式多元化

2018年1月1日起实施的《中华人民共和国公共图书馆法》第四章指出，公共图书馆应当免费向社会公众提供下列服务：文献信息查询、借阅；阅览室、自习室等公共空间设施场地开放；公益性讲座、阅读推广、培训、展览；国家规定的其他免费服务项目。随着"互联网+"的深入发展，社会公众获得信息的方式更加快捷、直观与智能，公共图书馆要突破时间限制，打开空间限制，为读者提供个性化、多元化的读者活动，不断创新阅读推广活动品牌。例如，辽宁省图书馆近年来有口皆碑的活动，如"百万图书万里行""童阅乌托邦""辽图电影院""真人图书馆""领读者""辽图之声"等，经过一定时段的运行，均已证明是非常成熟的阅读推广项目，发挥了较高的服务效能。

3.读者活动推广智能化

随着科学技术的飞速发展，数字化与人工智能技术不断完善，在各行各业中产生了深远的影响，并且极大地丰富了公共图书馆的服务功能，增强了公共图书馆的吸引力，给读者带来各种美妙的享受和新奇的服务体验。例如，智慧图书馆、"互联网+"图书馆、数字图书馆、移动图书馆等项目，推动了公共图书馆事业数字化、智能化发展的进程，在线直播讲座、多维立体展览、在线借还图书、微信预约活动、在线缴纳过期使用费、人脸识别安检等智能技术陆续应用于公共图书馆服务中，更能激发出新的读者活动内容和读者服务方式，打造出信息传播更高效、阅读推广方式更全面的智能化公共图书馆跨界合作服务。

4.读者活动宣传精准化

要想使公共图书馆对读者保有吸引力，应当始终坚持对公共图书馆的资源、服务、活动等利用新媒体手段进行宣传和介绍，达到全面推广公共图书馆的目的。近年来，我国社会对公共文化服务的需求呈现出多元化、高品质的态势，公共图书馆的读者活动应当在精准宣传的前提下，通过精准实施的系统运作，实现阅读推广效果的精准指向。其中，精准宣传是基础，也是关键。精准宣传就是使宣传主体、宣传内容、宣传方式、宣传效果实现全面精准化。其中，宣传主体精准，主要解决"谁去宣传"的问题；宣传内容精准，主要解决"宣传什么"的问题；宣传方式精准，主要解决"怎么宣传"的问题；宣传效果精准，主要解决"对谁宣传"的问题。解决好以上问题，阅读推广工作将实现跨越式发展，迈上更高的台阶。

二、公共图书馆中华优秀乡村文化读者活动

为适应时代发展的要求，目前我国的公共图书馆充分利用自身的资源、人力和平台等优势，推出了丰富多彩的以弘扬中华优秀乡村文化为主题的读者活动。由于古籍是乡村文化的重要载体，因此中华优秀乡村文化类读者活动通常围绕古籍展开，形式包括讲座类、展示类、技艺体验类、古籍资源数字化和文化创意类等五大类。这五种类型的乡村文化传承活动通常不是独立存在的，而

是相互促进、相辅相成的关系,共同完成了对馆藏珍贵古籍所承载的优秀乡村文化的充分挖掘与深度开发。

(一)公益性讲座

公共图书馆的讲座类读者活动通常以免费开放为主,具有普及性和大众化的特点。这些活动不仅满足了公众文化水平差异化的需求,而且为公众提供了实现终身学习的现实条件。2005 年在广东佛山召开的公共图书馆讲座工作会议指出,应将讲座类活动作为公共图书馆业务建设的重要内容之一,并推动公共图书馆讲座类活动的普遍开展。自此,公共图书馆对讲座类活动的关注和热情提升到了一个新的水平。公共图书馆的中华优秀乡村文化讲座类活动主要以经典著作、传统艺术、民俗节气或历史名人等为主题,通过邀请相关研究领域的专家、学者进行讲解和阐释,让公众感受到更深层次的文化价值熏陶,并在与主讲人的互动和交流中收获知识和成长。

例如,首都图书馆的品牌讲座"乡土课堂"创立于 2003 年,至今已经举办文化讲座上千场,其中包括"二十四节气"系列、"我们的节日"系列、"四库全书"系列以及"《诗经》里的花儿"系列等。"二十四节气"系列讲座涵盖了从《唐诗宋词》到《红楼梦》再到北京城的节气文化,公众可以了解节气的特点和性质,并从多元化的角度探索其内涵。另外,"四库全书"系列讲座则通过讲解《四库全书》的历史命运和成书过程,使公众更为轻松地了解该书的文化价值。而"《诗经》里的花儿"系列讲座则聚焦经典文学阅读,选取有代表性且被人熟知的植物,如桃花、木槿、芍药等,让公众在了解植物命名渊源的同时,深入体味《诗经》中的优美诗句,并领略到中国第一部现实主义诗歌总集的文化魅力。再如,山东省图书馆的"大众讲坛"文化系列讲座活动,主要关注儒家文化、齐鲁乡村文化,力求做到普及性与专业性、系统性与专题性、欣赏性与应用性三个方面的结合。"海津讲坛"是天津图书馆最有特色的读者活动项目,活动地域特色鲜明,强调中华优秀乡村文化和天津地域文化的融合阐释。

与读者信息素养培训讲座不同，公共图书馆的中华优秀乡村文化讲座活动更加强调普及性和大众性。为了保证讲座质量，大多数公共图书馆会定期、定时、定点组织此类活动，将其打造成备受关注的文化品牌系列活动。同时，随着新媒体技术的发展，讲座活动充分运用互联网技术，实现了线上和线下多平台同步直播，并提供讲座文稿和视频等相关资料，以确保资源共享，讲座受众也因此不断扩大。当然，如何避免讲座内容同质化，提高吸引力，增加上座率，成为公共图书馆讲座工作需要突破的难题。

（二）古籍展览展示

公共图书馆的展览展示类活动通常是指公共图书馆通过展示实物等方式，在特定地域和网络空间内向公众展示文化艺术的阅读推广服务。在乡村文化阅读推广方面，公共图书馆的展览展示类活动主要包括举办线上或线下展览，如全国联合古籍展览以及其他独具特色的古籍展览等。展览的展品范围不仅包括传统意义上的古籍，还包括家谱、地方文献、传统服饰以及相关的古籍研究成果等广义上的中华优秀乡村文化文献资料。

1.全国性展览——全国联合古籍展览

（1）主题和内容均相同的全国性展览活动。例如，2021 年中国国家图书馆主办了名为"珠还合浦·历劫重光——《永乐大典》的回归和再造"的展览。展览通过展示善本、手稿、舆图等珍贵藏品，向公众介绍了《永乐大典》的版式、编撰辑佚以及影印出版过程。展览得到各地省级公共图书馆的响应，如首都图书馆、河北省图书馆、南京图书馆和陕西省图书馆等纷纷从各自条件出发，通过线上或线下的方式参与到展览之中，以生动直观的方式向公众传播中华优秀乡村文化。展览图文并茂，让公众领略到《永乐大典》等古籍文献所蕴含的深刻文化内涵。

（2）主题相同但内容不同的全国性展览活动。举例来说，为响应"中华古籍保护计划"的倡议，我国的省级公共图书馆积极参与"册府千华——国家珍贵古籍百家特展"系列活动。各公共图书馆纷纷展出本地区的珍贵古籍，如

"册府千华，珍本撷英——京津冀三地珍贵古籍书影联展"展出了40多部珍贵古籍书影；"册府千华——浙江省藏国家珍贵古籍特展"展出了200部珍贵古籍，包括《六十四卦经解》等；"册府千华——重庆市藏国家珍贵古籍特展"展出了150部珍贵古籍，包括《公羊传》等。这些古籍珍品向公众展示了《国家珍贵古籍名录》中入选的珍贵古籍，极大地推动了古籍的阅读推广工作。

2.其他古籍展览

大多数公共图书馆会不定期地举办集中展览，以展示其馆藏的古籍珍本、地方文献或其他特色的乡村文化文献，以提高其古籍文献资源的宣传力度。例如，2020年，辽宁省图书馆举办了名为"文道：唐宋八大家古籍文献展"的线下展览，展出了30余种具有代表性的馆藏重要古籍。市民可以近距离感受韩愈集在宋、元流传的概貌，也可以直观比对不同时期的刻书风格。同时，展览精心设计了唐宋八大家著名作品的卷轴，市民可以通过扫描二维码，阅读唐宋八大家的经典名篇，体会唐宋八大家的文字之美，感悟他们的人格魅力。这次展览活动吸引了来自全省各地、各界的人士广泛关注，对于激活经典、传承文脉、唤醒求知等方面产生了积极影响。

随着互联网技术的不断发展和应用，展览展示类活动从原本的单一实体展览模式转变为实体与在线展览相结合的多元展示模式，极大地拓宽了展示类活动的服务范围。目前，线上、线下融合的展览已成为公共图书馆传承中华优秀乡村文化较为常见的活动形式。尽管展示类活动只是简单的图片展览或实物陈列，但在一定程度上也能够激发公众对古籍文献的阅读兴趣，推动公众深入了解古籍文献中的中华优秀乡村文化内涵。

（三）技艺体验活动

公共图书馆的中华优秀乡村文化技艺体验类活动包括活字印刷、雕版拓印、线装书制作、古籍修复等技艺的演示和体验。技艺体验类活动可以分为两种形式，一种是在馆外开展的"走出去"活动，另一种是在馆内开展的"引进来"活动。具体来说，"走出去"活动是公共图书馆与教育机构联合举办的，活动对象主要是学生。"引进来"活动则是公共图书馆自行组织、策划的馆内活动，活动对象类型较为多元。例如，为迎接"第十四届文化和自然遗产日"的到来，2019年国家古籍保护中心联合相关单位，推出了名为"古籍保护•你我同行——古籍修复技艺进校园"的全国性活动。公共图书馆作为重要的联办单位之一，积极参与活动策划与组织。宁夏回族自治区图书馆与宁夏大学图书馆联合举办了一系列校园体验活动，包括雕版印刷、线装书装帧、《永乐大典》和《四库全书》抄写等。这些技艺体验类活动，不仅宣传了古籍保护的理念，也调动了师生对于古籍修复技艺的参与意识和传承意识。

大多数公共图书馆的技艺体验类活动都与中华乡村文化密切相关，如"晒技艺"活动。这类活动的主要形式是以古籍修复、经典抄写和碑帖传拓等体验为主。古籍修复或碑帖传拓先由公共图书馆古籍修复专业人员现场向公众演示操作流程，再指导读者进行简单的修复和拓印流程体验。例如，2019年四川省图书馆举办了"妙手书医——古籍修复技艺展"读者活动。在技艺展示区，古籍修复师向公众演示古籍的修复过程；在互动体验区，古籍修复师指导公众进行线装书小样制作。除此之外，一些公共图书馆还会以其他活动为依托，开展技艺体验类活动。例如，浙江省图书馆举办了"杭州品质生活体验日"活动，古籍修复体验活动便是其中的一项。公众在专业修复人员的指导下学习折页、剪边等传统装订技艺并完成古籍线装书的装订。

总而言之，在公共图书馆的古籍阅读推广过程中，技艺体验类活动是实践性与互动性最强的活动模式，在很大程度上提高了公众的参与度，实现了读者与古籍的近距离接触。

（四）古籍资源数字化

古籍资源数字化的目的在于提高古籍纸质文献资源的利用率。这个过程是利用现代信息技术手段，将纸质古籍文献信息转换为可识别、可处理的数字信息的过程。通过古籍资源数字化，公共图书馆不仅可以保护古籍，还可以使得古籍资源的使用更加便利，大大提高了用户检索和获取古籍资源的效率。

古籍资源数字化平台或者数据库是公共图书馆进行古籍阅读推广和传承中华优秀乡村文化工作不可或缺的一部分。例如，中国国家图书馆建立的"中华古籍资源库"，是一个综合性的古籍特藏数字资源发布共享平台。该平台可以提供中国国家图书馆馆藏的善本和普通古籍、敦煌文献、甲骨文、碑帖拓片、西夏文献、赵城金藏、家谱、地方志、老照片、年画等古籍资源以及馆外和海外的征集资源，总量约 10 万部。通过这些数字资源，用户能够更便捷地获取古籍信息。另外，目前大多数省级公共图书馆已经基本完成了有关古籍、地方文献、家谱等特色数字资源数据库的自建工作。

随着人工智能技术的不断发展，古籍资源数字化也迎来了重大的变革。例如，"汉典重光"数字化平台以文字识别技术为基础，成功实现了对海外 20 万页中文古籍的数字化；古联智能数据研究室的"古籍自动标点系统"、北京师范大学中文信息处理研究所的"古诗文断句 v3.1 程序"等，为用户提供了句读、标点、书名线与专名线标注的服务。

数字化技术的发展使得古籍资源得以摆脱传统的保存方式，转变为可以被更广泛利用的数字化资源，实现了从"重藏"到"重用"的重大转变，让书写在古籍里的文字"活"起来。因此，古籍资源数字化成为公共图书馆开展古籍阅读推广、传承乡村文化最为有效的推广形式。

（五）古籍资源文创类

公共图书馆开展的文创类活动是指对馆藏古籍资源进行创新性开发，将具有文化底蕴和内涵价值的资源转化为产品的一种活动。目前，公共图书馆的文创产品主要分为三种类型：一是文化商品类，包括笔记本、签字本、书签等文具产品，围巾、卫衣、手表等服装配饰，马克杯、钥匙扣、团扇等生活用品；二是数字多媒体类，如小游戏、APP、Flash 动画等数字化产品；三是馆藏特色出版类，包括馆藏古籍文献的影印本、字画的复制品等。

古籍资源文创产品均具有馆藏特色和收藏价值，能够吸引公众关注和购买。例如，南京图书馆以馆藏《十竹斋画谱》为设计灵感，开发出了实用性极强的文化创意产品"十竹斋系列"，包括镇纸和书签套装、明信片、反向雨伞、丝巾等产品；而"水浒传一百零八将系列"笔记本则是以清彩绘本《水浒传人物图像》为素材制作而成；此外，"民国老商标系列"杯垫、餐垫、帆布袋、书签、方形便签本、裸脊精装本、车线本等产品也非常受欢迎。上海图书馆以镇馆之宝《妙法莲华经》为灵感设计了"《妙法莲华经》系列"屏风、描经卷，以北宋刻本《长短经》、宋淮东仓私刻本《注东坡先生诗》等为灵感设计了雨伞、手袋、T恤、冰箱贴等十个系列，约有上百种文创产品。山西省图书馆的《佛说北斗七星经》复制品、福建省图书馆的《玉枕兰亭序》和《多宝塔碑》复仿古籍、贵州省图书馆的《八阵合变图说》复仿本以及黑龙江省图书馆的《大般若波罗蜜多经》精品卷轴，都是历年以来公共图书馆具有典型代表性的古籍文创产品。

古籍资源文创类活动为公共图书馆中华优秀乡村文化传承工作带来了积极的影响。通过书籍外在形象、经典内容片段、人物插图等内容的文创产品开发，公众的求知欲得到了激发，他们不断探求这些文创产品背后所蕴藏的潜在文化信息，这为营造一个无形的阅读环境做出了贡献。但是，需要注意的是，通过文创类活动开发的文化创意产品并不像展示类活动、讲座类活动、技艺体验类活动那样具有公益性质。因此，公共图书馆需要权衡文化价值与经济利益之间的关系，以保障乡村文化传承工作的合理有序开展。

第三节 深化科技赋能

科技的创新与进步为乡村文化的保护与传承提供了强大的技术支持与保障。2019 年 8 月，国家六部门联合发布《关于促进文化和科技深度融合的指导意见》，将文化与科技融合提升到国家战略层面。在此背景下，推进科技与文化融合，打造新型数字文化资源与数字文化服务模式，成为乡村文化走出典籍、重焕活力的重要手段，也是新时代对公共图书馆发展的必然要求。现阶段，公共图书馆对科技赋能的价值表现出极大兴趣，并将其视为现代公共图书馆事业发展的一次难得机遇，积极开拓文化与科技"双向奔赴"的落地场景，以使乡村文化始终与大众产生共鸣。在数智技术的助力下，深藏于典籍之中的中华优秀乡村文化元素不再以单调、枯燥的传播方式呈现给读者，而是逐渐演变为直观、立体、富有情感和温度的虚拟文化产品。这些产品为社会公众创造了充满意境和参与感的场景，让他们能够身临其境地感受乡村文化。通过这些文化产品的传播，更多人可以学习和掌握中华优秀乡村文化，增强文化认同感和影响力，进而提升国家文化软实力和综合国力。

一、文化与科技融合

习近平总书记多次指出，要系统梳理乡村文化资源，让收藏在禁宫里的文物、陈列在广阔大地上的遗产、书写在古籍里的文字都"活"起来。将科技发展融入中华乡村文化的传承之中，恰恰可以很好地完成这一目标。

文化与科技融合是一个文化创新的过程，其内涵已经得到了专家的深入研究和分析。在理论层面上，专家认为：第一，融合是通过将不同类型的文化内容、形式和服务与科技手段有机结合来实现的，旨在提高文化产品的品质和价值，从而形成能更好地满足人民文化需求的新型文化产品或服务；第二，文

65

与科技的融合本质上是科技对文化重新包装，文化选择最优化的科技项目，二者相互适应、发展，并最终融合新生的过程；第三，文化与科技融合是指在充分了解文化与科技各自特点与规律的前提下，将文化与科技有可能或有必要融合的元素进行最大限度的渗透、互补，形成新的文化产品。总之，文化与科技融合是一个非常复杂的过程，它需要不同学科的专家和从业者协作，共同推动文化与科技的融合发展，提升人民的文化生活水平和幸福感。

（一）公共图书馆新技术应用概况

1.新技术与公共图书馆发展

公共图书馆是社会文献保存和信息交流机构，它在促进人类文明的传承与发展、推动知识的传播与创新方面发挥着举足轻重的作用。我国公共图书馆数字化经过多年的发展，在资源建设、技术应用、基础设施以及服务效能等方面都取得了显著的成就，这些成就为读者获取知识、满足社会信息需求提供了坚实的基本保障。当今公共图书馆的发展环境、技术背景和读者需求发生了巨大变化，因此如何不断创新理念、丰富实践，利用数字化、智能化科技手段来支持和引领中华优秀乡村文化的保护和传承，以实现内容资源数字化、空间服务智能化、文化传播网络化、设施装备体验化等目标，已成为公共图书馆实现自我革新和可持续发展的重要课题。文化与科技融合是唯一的答案，唯有如此，公共图书馆才能与时代同步，在数字化时代中保持其地位和价值。

2.公共图书馆数智技术应用的发展趋势

进入 21 世纪以来，世界各国普遍加大科研经费和科研基础设施投入，涌现出大量科技成果，从而推动各行各业的跨越式发展。在数智技术的支持下，智慧图书馆建设不断深入，业务创新层出不穷，交流合作不断加强。可以预计，未来公共图书馆的数智技术应用发展趋势主要体现在以下四个层面：

（1）数智技术应用更加广泛和深入

"以人为本"是科技发展始终要坚持的核心理念。通过互联网、物联网及5G 技术，人与人、人与物、物与物之间得以建立互联互通。以此为前提，虚拟馆舍、沉浸式体验、智能借阅、自动导览、智能咨询等正在逐渐走进现实。随着现代信息科技的发展，人们获取与传输信息的行为发生了巨大的变化，对公共图书馆文化信息的呈现与传输产生了巨大影响。在这种背景下，"数字技术+文化"服务模式全面蓬勃发展，个性化、精准化和定制化成为公共图书馆文化服务转型发展的关键词。未来，公共图书馆将继续发展数智技术的应用场景，打造服务数字化、网络泛在化、体验智能化的公共文化服务，全面提升公众的获得感。创新源于需求，数智科技在满足公众日益增长的文化需求方面表现出让人惊喜的力量。

（2）科技与文化融合，创新层出不穷

科技与文化的高度融合是当代科技发展的重要特征，体现了学科发展的新趋势和新方向。随着科技一体化的不断发展，技术打破了传统的学科界限，不同学科之间的界限逐渐变得模糊，各学科之间相互渗透、相互促进，新兴的交叉学科不断涌现，成为普遍的现象。为了满足用户的具体应用需求或提升其应用效果和体验，实践领域经常采用多种技术融合来构建解决方案。例如，对公共图书馆服务而言，可综合应用定位、传感、大数据分析等技术实现与位置相关的多项服务；综合利用 3D 建模、虚拟现实和增强现实等技术，可提供基于虚拟场景的服务，给读者提供更真实的感官体验。因此，公共图书馆人员要多学多看、积累知识、拓宽视野，寻求不同的科技与文化融合的发展方案，以实现更好的发展和创新。

（3）大数据成为核心资源

大数据的产生源于现代科技的应用。公共图书馆在数字化、智能化发展过程中积累了大量的文化内容、服务、用户等业务数据，这些数据能为公共图书馆的服务和管理提供更多的支持和帮助，具有极高的价值。因为技术标准的差异，不同平台间的数据格式和类型是互不兼容的。而传统数据技术和计算方法很难满足对海量数据的即时处理需求。但是，随着大数据存储、传输和人工智能技术的发展，大数据的处理问题已经有了很好的解决方案。随着大数据相关技术成功地应用于实践，曾经"沉睡"的大数据资源已成为公共图书馆关键的核心资源。通过大数据挖掘、大数据分析读者需求等主观信息，公共图书馆能够更好地了解用户需求，提升资源价值，并为实施更具针对性和有效性的文化服务提供重要保障。

（4）形成科技文化新业态

随着现代文化和技术的发展，数字阅读、快餐式和碎片化阅读正在成为主流的文化消费形式，而智能设备的迭代也提高了人们对阅读和展示的体验需求。然而，乡村文化内容因呈现形式不够灵活且互动体验不足，难以吸引读者的视线，这是乡村文化推广所面临的发展瓶颈。科技的不断创新和发展为乡村文化复兴提供了新的平台和手段，文化繁荣正迎来前所未有的机遇。文化科技领域已成为公共图书馆发展新业态，在科技手段的加持和引领下，中华优秀乡村文化的推广将会迎来更好的发展。

（二）文化科技助推乡村文化传承多元化发展

在全球化和现代化的今天，文化变迁已是不可阻挡的趋势，乡村文化转型成为历史发展的必然。借助科技的力量，公共图书馆能够更加有效地推动中华优秀乡村文化的传承和发展。同时，在新媒体、文创、文旅等优势产业的带动下，通过打造具有影响力的文化 IP、丰富乡村文化的体验和传播方式等措施，中华优秀乡村文化的保护传承将成功实现转型升级，跃上新的台阶。

1.文创新赛道的探索实践

2016 年 5 月，中华人民共和国国务院发布了《关于促进文化文物单位文化创意产品开发的若干意见》，强调要充分调动文化文物单位的积极性，提高其文化创意产品的研发能力，从而形成一套形式多样、特色鲜明、具有创意且竞争力强的文化创意产品体系。为贯彻落实中央要求，中华人民共和国文化和旅游部确定和备注了 37 家副省级以上公共图书馆作为国家级试点，共同探索并开展文化创意产品开发工作。

经历了独立探索的初级阶段后，在中国国家图书馆引领下的"图书馆+文创"正朝着规模化、可持续化的方向发展。自 2021 年起，为了更好地满足消费者对文创产品的需求，公共图书馆的相关研发和推广工作一直在有条不紊地推进之中，取得了显著的成果，且呈现出良好的发展态势。同年 7 月，中国国家图书馆第一个大型文创空间建成落地，为公共图书馆的文创运营与生产提供了可参考的模板。此外，越来越多的地方公共图书馆也对文创发展目标进行了规划。例如，山东省图书馆依托文旅产业，以文创促进公共图书馆阅读的有效延伸；四川省"十四五"规划指出，通过开发文创产品来激发公共图书馆服务的新活力。

（1）文创产品与文化推广"同心协力"

2017 年，全国图书馆文化创意产品开发联盟在北京成立。该联盟旨在协调全国图书馆资源，通过联盟的共享共建来推动图书馆文化创意产业的发展，以最少的投入产生最大的效益。

2019 年，中国国家图书馆启动了"敦煌莲花包项目"，文创产品敦煌莲花单肩包好评如潮。该产品的设计灵感源自敦煌遗书的经典元素。同年，中国国家图书馆文创艺术品商店正式开业。商店不仅提供了《从<诗经>到<红楼梦>》创意笔记本、信纸、帆布包等产品，还设置了培训区、互动区和休闲区，可用于举办讲座、培训和交流分享活动。例如，山东省各级图书馆开设了"尼山书院"，挖掘孔子故里的独特文化，常设活动包括经典传习、国学新知、礼乐教化等板块；大连图书馆白云书院采取多种措施推广国学阅读，包括创办刊物《白云论坛》，组建经典曲目吟唱团在重要时间节点进行集中表演等；福建省图书馆与福州市植物园合作，共同建立"公共图书馆+专题书院"模式，根据专题方向精选了 2 500 余册各类刊物和图书，主要内容包括植物花鸟、少儿绘本和福建传统文献等，并通过文创产品体验、互动等方式寓教于乐，让旅游与文化体验相互促进，共同发展。

公共图书馆一方面挖掘典藏资源的乡村文化内涵并推出文创特色产品，将存在于文字中的抽象、枯燥的乡村文化带到现实，用实物传递历史情节；另一方面塑造乡村文化情境，丰富传承方式，用读书环境带动传承，让读者在不知不觉中快乐地掌握乡村文化内涵。

（2）准确定位与粉丝效应"王牌营销"

"故宫淘宝"于 2010 年上线，开始销售各种文化产品。随着时间的推移，故宫文创产品逐渐确立"萌"化定位，不仅推出了面向女性消费者的美妆系列，还推出了《千里江山图》主题折扇等生活用品。

故宫的文创产品兼具艺术性、实用性和文化内涵，比传统的千篇一律的"旅游纪念品"更具吸引力。此外，文创产品的图案元素表达了富贵、吉祥、长寿等美好寓意，是文创产品所附加的价值内涵。

故宫通过"反差萌"的手法打破了乡村文化的厚重印象，使乡村文化变得更加生动有趣。这种新颖的表现形式为乡村文化的传承注入了新的活力和传播动能，让更多受众喜欢、接受。这已成为传承乡村文化的一种重要策略。

（3）文创设计与 IP 授权"创新发展"

通过 IP 授权，中国国家博物馆与第三方机构优势互补、协作共建，对文化资源进行现代化包装形成文创产品，以此来推广乡村文化。这种合作方式将乡村文化内容带出博物馆大门，让亿万民众可以近距离欣赏传统文物的精妙之处，领会乡村文化的内涵。文创产品无论是四羊方尊、霁青釉金彩海晏河清尊、粉彩杏林春燕文瓶等同比例复制品，还是书签、笔记本、丝巾、环保包等衍生产品，都让观众对文博产品有了更直观的体验，吸引了上百万的粉丝关注中国国家博物馆旗舰店。

2.视频新媒体的传承实践

随着数字通信技术的快速发展，视频逐渐地替代了文字。利用视频资源可以使乡村文化内容更加生动、真实。同时，视频资源还能够反复播放和复制分享，这一特点进一步扩大了乡村文化的传播范围，促进了乡村文化的传承。此外，影像资料易于保存，为乡村文化的保护提供了保障。

（1）创新短视频呈现方式

短视频是数字传播的纽带，也是新媒体时代文化传承与创新的方式。其碎片化制作、视觉冲击力强、互动性强的特点吸引了无数网民的关注。在短视频出现之前，乡村文化内容在大众化传播方面举步维艰，如传统手工艺传承后继无人、传统戏曲节目收视率低迷等现象都不是个例。但是，短视频给乡村文化传播带来了惊喜，带动了乡村文化内容与现代科技融合，促进了乡村文化的爆发式传播。

传统诗词的推广方式常常会让年轻人觉得晦涩枯燥，然而，通过改换呈现方式，以通俗幽默的短视频进行讲解却在抖音平台上受到了意想不到的欢迎。例如，某大学教授的讲解方式个人魅力突出，他在课堂上巧妙地调侃了陶渊明笨拙的耕种技能，如忙得"带月荷锄归"，但最终落得"草盛豆苗稀"的收成。该教授以轻松诙谐的个性化表达与网友共赏古代诗词，受到年轻人的欢迎。抖音平台推出了"谁说京剧不抖音"计划，其中京剧演员王佩瑜经过多年的努力终于成为一位出色的京剧表演艺术家，然而她发现舞台下的观众越来越少。近年来，她积极尝试多种方式来推广京剧，缩短百姓与京剧之间的距离。例如，在抖音平台上，她抓住了短视频爆火的时机，为抖音话题"我要笑出国粹范儿"录制了示范视频，吸引了大批模仿者和京剧粉丝的关注，让年轻人以更加轻松快乐的方式感受国粹的精髓，接受传统艺术京剧。抖音平台以短视频形式呈现了黄梅戏《女驸马》精彩片段"为救李郎离家园，谁料皇榜中状元，中状元着红袍，帽插宫花好呀，好新鲜哪"，以通俗易懂的方式进行演唱，伴随着活力四射的舞美动作，引起了广大年轻人甚至外国友人的模仿热潮。此外，抖音还推出了多种乡村文化的动态特效，如时空穿梭、变脸等，同时为制作者提供视频剪辑、画面拼接等视频制作技术支持，让制作者可以更加积极主动地进行创作。其中，川剧变脸是一个例子，通过综合运用抖音的配音、配乐、特效等技术，大大降低了从台前表演到幕后化妆等全流程的表演门槛，让观众都有能力参与进来，轻松领略到乡村文化的魅力。这些创新形式使得乡村文化更易于被接受，同时也更加有趣，更加深入人心。人们不再局限于教室或剧院里，而是可以在乘坐交通工具或睡前等碎片化时间随时随地接触乡村文化，实现了让更多人能够掌握那些似乎高不可攀的知识的目标。

短视频在促进共同价值认同和价值共创的同时，也为传统商业运营模式带来了改进。首先，短视频开发了全新的商业运营方式，如直播带货和内容付费等，同时也提高了乡村文化景点和老字号的广告价值，使得它们成为热门的打卡地点，并通过短视频平台（如抖音、快手）获得更高的曝光度。其次，短视频平台推动了乡村文化知识产权产业的发展，通过整合线上线下服务网络和平台运营管理流程，创意社群促进了乡村经济的繁荣，同时也成为中华文化输出的典范媒介。例如，"李子柒现象"的成功可归因于乡村文化潜移默化式传播和短视频平台全方位的策划和运营。

（2）创作优质长视频作品

与短视频强调的娱乐性、灵活性、传播性不同，图书馆、博物馆等乡村文化传承机构更注重"精神内涵"的挖掘和呈现，通过制作优质视频，传承经典文化。

中国国家图书馆"国图公开课"活动定位为普及教育，旨在减少读者在特定领域的认知误区和知识盲点，帮助读者形成健全的知识体系结构。通过视频形式，"国图公开课"创造了专家、学者带领读者一起学历史、读经典的机会，以美丽动人的场景画面和简洁趣味的表达方式，对乡村文化与当代文明、日常生活与全球时政等多个领域进行诠释和比较，深化对中华优秀乡村文化的推广和传承。这些视频资源一般包括学习教程、阅读资源、实践体验、互动分享四个部分。近年来，文博类综艺全面兴起。故宫博物院参与了《国家宝藏》《我在故宫修文物》等文化专题片的录制。专题片制作精良，以独特的视角讲述了传统文物所蕴含的历史文化价值以及鉴赏和保管方法等知识，取得了良好的播出效果。这一类乡村文化综艺化节目专注故事化表达与仪式化呈现，节目古典气息浓厚，以诗性语言重新解读了乡村文化的当代内涵，凸显正向价值引导，让观众感受到了品生活之美和寻找文化基因的重要性。

除了用于讲授和传播知识，视频资源还可以很好地保存资料。这些重要的知识资源将会以数字资源形式被永久地保留下来，成为人类知识积累中不可或缺的一部分。

3.数字文旅的实践探索

随着5G等现代通信技术的不断发展，物联网、增强现实、虚拟现实、高清视频等技术的发展对日常生活、社交互动和消费服务领域都产生了深刻影响。在这些新技术的帮助下，乡村文化推广迎来了新的发展空间。

（1）智慧化旅游体验

现代科技已成为可视化、数字化表达文旅资源的新型手段。5G、人工智能、虚拟现实等技术，极大地提升了游客的旅游体验。例如，线上平台不仅能够提供有针对性的路线规划和地理定位等服务，还可以通过扫码等方式记录旅行轨迹，通过视频记录旅游见闻。同时，可穿戴设备还可以实现智能支付、语音导航、语言翻译、场景呈现等功能，丰富了游客在途中和不同景点的旅行体验。在技术加持下，便捷的出行与良好的旅游体验使游客更愿意走出家门，深入体验景区中蕴含的乡村文化。

随着沉浸式产品的不断涌现，以自动导览、数字化体验等为代表的全新的旅游形态迅速崛起。沉浸式技术可以为读者提供身临其境的体验感，走进虚拟场景完成与景点的互动，将景点的自然与人文等乡村文化内涵传递给游客，带来智慧体验的升级。在消费体验升级和安全体验升级方面，主要表现在游客进入景区前，可进行电子身份验证，统筹掌握客流情况、合理安排需要排队项目及采取相应的措施疏散游客等。5G 技术在这些方面发挥着重要的监控和防范作用。例如，在西湖景区，巡逻机器人"小义"熟练掌握人工智能云计算和大数据等技术的综合运用，除了能协助民警完成巡逻等基础性工作之外，还可以回答游客的旅游服务咨询，成为景区称职的员工和形象代言人。

（2）场景化虚拟旅游

"云旅游"一直是人们讨论的热门话题，因为它打破了时间和空间的限制，为文化传承提供了新的承载路径。

利用虚拟现实技术进行虚拟旅游，给人们提供了通过手机深入景区完成游览的渠道。但是这种模式只限于提供视觉和听觉的体验，对于其他的感官体验，比如对景区清新的空气和林间的微风扑面而来的感觉是无法提供的，因此文化内涵的传递成为虚拟旅游需要格外突出的重点。通过讲解，向游客介绍景区蕴含的文化精髓和历史故事，让人们足不出户，仅凭掌上手机就可以身临其境地学习乡村文化，丰富知识储备。如今，许多旅游景区都推出"云游"服务，让公众足不出户也能赏奇观胜景、享文博盛宴。中国国家博物馆、敦煌研究院、甘肃省博物馆、苏州博物馆、西安碑林博物馆、三星堆博物馆、寿光蔬菜博物馆集体在淘宝直播间在线开馆，拿出最好的藏品，带领观众看国宝级文物，重走"丝绸之路"，品江南风韵。

二、文化科技背景下公共图书馆乡村文化传承展望

（一）科技对公共图书馆乡村文化传承的影响

通过对文化科技背景下乡村文化传承现状的了解可以看出，乡村文化传承在数字技术背景下，内涵更加丰富，形式更加多样，呈现出以下重要特征：

1.文化内涵更加丰富

科技的发展打破了乡村文化传播的时空界限，使乡村文化的内涵变得更加丰富。在时间上，乡村文化的传承与学习不再受时间限制，可以是整块时间的学习，也可以是整块时间与碎片化时间结合的学习；可以在固定时间学习，也可以在任意时间学习。同时，乡村文化的学习内容也从历史知识变成了当下知识；从回到过去想象着学习，变成了活在当下感受着学习。因为科技的力量，乡村文化的传承效能得到显著提升。在空间上，乡村文化的学习不再受地域限制，足不出户，就可看遍大千世界，甚至在国外也可以身临其境地学习中国乡村文化，真正实现用科技云游四方。在内容上，乡村文化借助科技力量迈出了国际化的步伐。通过各种文化的兼容并蓄，乡村文化在传承中不断创新与完善，内涵也变得更加丰富。

2.知识图谱更加完善

传统方式下，文化传承主要依靠老师讲解和书本查阅。在这种方式下，知识的学习往往停留在"散点"阶段，难以形成完整的知识链条和体系，而且不同知识点之间的关联性也难以体现，无法实现知识的交叉融合。在新技术背景

下，人类知识储备在不断丰富，知识总量也在快速增长，知识不再像过去那样零散存在，而是相互连接形成了复杂的知识网络。随着知识图谱和大数据搜索等新技术的出现，乡村文化中的各个知识点被连接起来，"关联学习"成为一种升级的思维模式，不仅能够加深对原有知识的理解，还能够提升对整个知识系统的运用与掌握程度。这种方式让乡村文化的知识图谱不断丰富，也让普通民众能够在学习过程中构建自己的乡村文化体系，从而使乡村文化得以更好地传承和发扬。

3.传播效果全面优化

数字技术的出现极大地提升了知识传播的效率。不论是新知识还是乡村文化，都能够以低成本、高效率、大范围、可反复的优势方式传播给受众，使受众在学习的过程中感受数字化学习的魅力。此外，数字技术能够帮助人们快速查询并解决新问题，也在一定程度上提高乡村文化传承的效率。数字资源的存储和传播具有海量、便捷的特点，只需占用很少的物理空间，就能够对数据进行大容量、长时间的存储，为人类知识储备和乡村文化传承提供了重要的助力。

4.传承形式更加多元

传统的文化传承形式通常是老师讲解、学生学习。但是，在数字科技的发展背景下，乡村文化传承方式变得更加多元。通过虚拟现实技术，乡村文化学习的互动性得到了显著提升；视频、虚拟现实和文创产品等方式的引入，让乡村文化传承变得更加直观、有趣，真正实现了"寓教于乐"的目标。文化与科技的融合，将乡村文化带入大众生活，使乡村文化的传承有了质的提升。让乡村文化变成现代生活的重要组成部分，将传承化有形为无形，才是乡村文化真正的传承。

5.供需双方互动良好

随着数字技术的飞速进步，乡村文化的传播效能显著提高，传承人和受众的人数也在快速增长。数字技术的促进效应是双向的，对传承人而言，传承乡村文化不再受时间和空间限制，传授方式变得更加灵活多元，也更加方便快捷。

此外,数字传播为传承人带来了更大的舞台和更广泛的受众,传承人在关注度、成就感和物质报酬的层层激励下,自觉、自发地提高传授的积极性,进一步促进了乡村文化传播质量的提高。对受众而言,数字技术为乡村文化受众提供了随时随地接受乡村文化熏陶的机会,无须付出更多时间和金钱即可感受乡村文化的无穷魅力。在日常生活中,人们可以轻松地通过各类视频、文创产品和虚拟体验等途径接触乡村文化信息,并与朋友交流分享其中印象深刻的片段或细节。在这样的传播模式下,无须更高的专业水平和更多的知识储备,每一个乡村文化的接受者都有机会成为乡村文化的传承人。传承人与接受者的良性互动、正向激励,让乡村文化传承的内涵、参与的主体不断丰富,对新时代乡村文化传承起到至关重要的作用。

6.内涵挖掘亮点突出

从对乡村文化传承实践的分析中可以看出,即使是在新技术背景下得到广泛传承的乡村文化,其内容大多数都是早已存在的,只是之前尚未被认识、被重视,或是传承渠道不畅通。在文化与科技融合的背景下,我们需要以全新的传承思路重新审视乡村文化资源,整理馆藏乡村文化资源存货,以实现存货资源的再生产、再利用和价值的再创造。这成为公共图书馆传承乡村文化的重要任务之一。

公共图书馆的丰富馆藏资源为其传承乡村文化提供了重要的内容来源。作为乡村文化典籍的存储机构,公共图书馆馆藏内容极为丰富,任何乡村文化内涵均可以在公共图书馆馆藏资源中找到蛛丝马迹。新的技术环境和不断变化的受众需求为图书馆馆藏资源的挖掘带来了新的方法与思路。利用新技术对馆藏资源进行再研究,能够打破传统思维模式的束缚,让沉淀已久的内容"活"起来,焕发出生命力和吸引力。公共图书馆馆藏资源与新技术融合,可以创造出更多的火花,让更多的乡村文化被大众学习和掌握。

(二)公共图书馆传承乡村文化的创新发展

随着"互联网+"时代的到来和科技加速变革,中华优秀乡村文化的传承和发展呈现出前所未有的新特征。公共图书馆在传承乡村文化方面也需要紧跟时代的步伐，不断寻求创新和发展的方向。

1.引导多主体协作共建

利用信息技术和新媒体技术作为支撑，现代公共文化体系得以形成有效的组织机制，实现跨界管理、上下联动、纵横结合。公共图书馆可与政府、高校和企业之间协作互动，促进乡村文化在文化与科技融合背景下的传承和发展。

在具体实施过程中，可以着重从以下几个层面开展工作：

第一，建立和完善投资保障机制。采用监管立法手段，强化产权保护力度，鼓励创新和融合发展，为新技术环境下的新业态发展提供良好的制度保障。

第二，健全多方共建的投资体系。采用政府和民间资本的融合方式参与投资，建立多种资本和多方主体参与的乡村文化建设实体，利用政府资金引导社会资金的配置。

第三，促进多主体良性竞争。通过市场化机制引导参与主体进行良性竞争，促进文化产业内容创新，优化文化产业服务形式，激发市场参与者活力。

第四，扩大乡村文化传承覆盖范围。以数字技术为支撑，乡村文化传承的受众已不再局限于专业人士，全民、全域传承的概念必将得到更为广泛的应用。

2.以内容挖掘带动文化内涵表达

文化产业发展的核心在于内容的创作。公共图书馆可以利用新技术重新审视传统馆藏资源，以实现对馆藏资源的新挖掘。同时，还可以通过技术手段实现对各种乡村文化的继承和传播，促进不同主体之间的跨时空和跨领域合作，从而激发出更加丰富的文化内容。

基于新的技术环境与受众特点，以新技术思维重新开发和挖掘馆藏资源，让老存货焕发新价值。第一，要加强技术转化。发展文化科技产业最紧迫的任务就是促进乡村文化产业的结构升级，生产高附加值的高新技术产品。以图书馆、博物馆等乡村文化机构的资源库为依托，以新技术的传播为抓手，加快文化内容与传播形式创新，以技术赋予文化传承新的内涵。第二，要创造技术合力。在文化产业发展过程中，协作共建促进技术研发，建立各类技术的共同应用平台，加速文化产业基地的建设。创立文化创意产业资源共享服务平台，通过创建数字娱乐产业示范基地、新媒体产业基地、工业创意产业基地等方式提高专业服务效率。同时，完善技术标准和规范体系建设，加强市场秩序，强化知识产权保护力度，完善产业链和技术链，组建强大的技术联盟，形成集群效应。第三，要创新技术内涵。通过将乡村文化融入技术革新过程，带动技术创新发展。这种带动效应不是单方面融合，而是"双向奔赴"，实现乡村文化和科技的相互渗透，赋予乡村文化新的意义和内涵，从而在技术进步中提升乡村文化的价值和影响力。

3.以个性化服务增强用户体验

读者是乡村文化的接受者、传承者、创造者，也是文化产业发展的消费者和推动者。因此，必须以读者需求为中心，提升读者体验，打造易于接受、易于消费、易于传播的科技文化产品，以实现乡村文化更好地传承与发展。利用大数据分析技术，掌握读者潜在的行为习惯，为读者提供定制化的乡村文化产品，将在极大程度上优化文化传承的效果。

对乡村文化消费的主体而言，数字技术为传承人提供了更具体、便捷、易行的方式，以便更好地传授乡村文化知识。因此，为了更好地传承和发展乡村文化，需要从受众需求出发，提供更易接受、易消费的乡村文化内容。传承人需要深入分析用户行为习惯和偏好，有针对性地打造个性化的文化产品。对乡村文化消费的客体而言，技术含量更高的文化产品得到越来越多读者的认可，从而反向作用于文化市场的培育，促进新文化产业生态的形成。例如，网络游戏产业的发展进一步刺激了文化消费，成为数字出版产业发展的主力军，而消费狂潮又催生了多元化的文化创意。

第三章 公共图书馆助力乡村文化建设的路径与策略

第一节 加强农村文化资源的收集与整理

一、建立文化资源收集机制

在推动乡村文化建设的进程中，建立文化资源收集机制是至关重要的一环。特别是对于公共图书馆而言，其作为文化传播和知识普及的重要阵地，更应发挥积极作用，深入乡村，广泛收集、整理、保存乡村文化资源，为乡村文化的传承与发展提供坚实支撑。以下从四个方面详细阐述建立文化资源收集机制的必要性及其实施路径：

（一）明确收集目标，确保资源完整性

在建立文化资源收集机制之初，应明确收集目标，即全面、系统地收集乡村地区的各类文化资源。这包括口头传统、民俗活动、传统技艺、历史遗迹、地方文献等。公共图书馆应发挥专业优势，制订详细的收集计划，确保各类资源得到完整保存。同时，还要注重资源的真实性和原生性，避免过度商业化或歪曲事实。

（二）深入乡村调研，挖掘文化资源

为了更好地了解乡村文化资源的分布和状况，公共图书馆应组织专业团队深入乡村进行实地调研。通过与当地村民交流、观察生活习俗、参观历史遗迹等方式，挖掘乡村文化的独特内涵和价值。同时，还要关注乡村文化的新动态和新变化，及时收集和整理相关信息，为乡村文化建设提供有力支持。

（三）整合多方资源，形成合力

在收集文化资源的过程中，公共图书馆应积极整合政府、社会组织、企业等多方资源，形成合力。与政府部门合作，获取政策支持和资金保障；与社会组织和企业合作，共同开展文化资源的收集、整理和开发工作。通过多方合作，不仅可以提高收集工作的效率和质量，还能为乡村文化建设引入更多的外部资源和支持。

（四）加强数字化建设，实现资源共享

随着信息技术的快速发展，数字化已成为文化资源收集与保存的重要手段。公共图书馆应加强数字化建设，将收集到的乡村文化资源进行数字化处理，建立乡村文化资源数据库。通过数字化手段，可以实现资源的长期保存和便捷查询，为乡村文化建设提供丰富的素材和参考。同时，还可以通过互联网平台实现资源共享，让更多人了解和关注乡村文化，推动乡村文化的传播与发展。

综上所述，建立文化资源收集机制对于推动乡村文化建设具有重要意义。公共图书馆作为文化事业的重要组成部分，应积极参与其中，发挥专业优势，为乡村文化的传承与发展贡献力量。通过明确收集目标、深入乡村调研、整合多方资源以及加强数字化建设等措施的实施，可以建立起一套科学、有效的文化资源收集机制，为乡村文化建设提供有力支撑。

二、开展田野调查与资料整理

在乡村文化建设中，田野调查与资料整理是不可或缺的重要环节。公共图书馆作为文化传承与知识普及的重要阵地，应积极参与并主导这一工作，深入挖掘乡村文化的内涵，整理并保存相关资料，为乡村文化的传承与发展贡献力量。以下从三个方面详细阐述公共图书馆如何开展田野调查与资料整理工作：

（一）组织专业团队，深入乡村开展田野调查

公共图书馆应组建由公共图书馆馆员、文化专家、学者等组成的专业团队，深入乡村开展田野调查。团队成员需要具备丰富的文化知识和实践经验，能够准确识别乡村文化的独特价值，并记录、整理相关资料。在调查过程中，团队成员应与当地村民建立良好的沟通机制，通过访谈、观察、记录等方式，全面了解乡村文化的历史渊源、发展现状和未来趋势。

（二）系统整理资料，建立乡村文化档案库

收集到的田野调查资料需要进行系统整理，以便后续的研究和利用。公共图书馆应设立专门的乡村文化档案库，对收集到的资料进行分类、编号、归档。同时，还应利用现代信息技术手段，对档案进行数字化处理，建立乡村文化数据库，方便查询和共享。通过系统的资料整理，可以形成完整的乡村文化档案体系，为乡村文化的传承与发展提供有力支持。

（三）加强宣传推广，提升乡村文化影响力

田野调查和资料整理工作的成果需要通过有效的宣传推广，让更多人了解乡村文化的独特魅力。公共图书馆应充分利用自身资源和平台优势，开展多样化的宣传活动。例如，举办乡村文化展览、开展文化讲座、制作宣传册等，向公众展示乡村文化的风采。同时，还可以通过社交媒体、网络平台等渠道，扩大宣传范围，提高乡村文化的知名度和影响力。

在开展田野调查与资料整理工作的过程中，公共图书馆还应注重与当地政府和社会组织的合作与沟通。通过与政府部门的合作，可以获取更多的政策支持和资源保障；与社会组织的合作，则可以共同开展文化活动，推动乡村文化的繁荣发展。此外，公共图书馆还应不断探索新的方法和手段，提高田野调查与资料整理工作的效率和质量，为乡村文化建设提供更加全面、深入的支持。

综上所述，开展田野调查与资料整理工作是推动乡村文化建设的重要途径之一。公共图书馆作为文化事业的重要组成部分，应积极发挥自身优势，深入乡村开展田野调查，系统整理相关资料，加强宣传推广，为乡村文化的传承与发展贡献力量。

三、建立文化资源数据库

在乡村文化建设的进程中，建立文化资源数据库是公共图书馆助力乡村文化发展的重要路径与策略。这一举措不仅有助于乡村文化资源的有效整合与保存，更能促进乡村文化的传承与创新。以下从五个方面详细阐述公共图书馆如何建立文化资源数据库：

（一）明确建库目标，规划数据库架构

公共图书馆在建立文化资源数据库之初，应明确建库目标，即构建一个全面、系统、便捷的乡村文化资源数据库。同时，要规划好数据库的架构，包括数据的分类、存储、检索等各个环节，确保数据库能够高效、稳定地运行。

（二）深入乡村调研，全面收集文化资源

为了建立全面、丰富的文化资源数据库，公共图书馆需要组织专业团队深入乡村进行调研，全面收集乡村文化资源。这包括口头传统、民俗活动、传统技艺、历史遗迹、地方文献等各类资源。在收集过程中，要注重资源的真实性和完整性，确保数据库中的每一项资源都具有代表性和参考价值。

（三）规范数据处理，确保数据质量

收集到的乡村文化资源需要进行规范的数据处理，包括数据的清洗、整理、分类和标引等。公共图书馆应制定严格的数据处理规范，确保数据的准确性和一致性。同时，还要对数据进行数字化处理，使其能够方便地存储和检索。

（四）完善检索系统，提高利用效率

一个完善的检索系统是文化资源数据库的重要组成部分。公共图书馆应建立多种检索方式，如关键词检索、分类检索、地图检索等，方便用户快速找到所需资源。同时，还要优化检索算法，提高检索速度和准确性，确保用户能够高效利用数据库中的资源。

（五）加强宣传推广，扩大数据库影响力

文化资源数据库的建立需要得到广泛的社会认可和关注。公共图书馆应通过多种渠道加强宣传推广，如举办推介会、制作宣传册、开展线上线下培训等，让更多人了解和使用数据库。同时，还要积极与政府部门、文化机构、乡村社区等合作，共同推广乡村文化资源数据库，扩大其社会影响力。

建立文化资源数据库是公共图书馆助力乡村文化建设的重要举措。通过明确建库目标、深入乡村调研、规范数据处理、完善检索系统以及加强宣传推广等措施的实施，可以构建一个全面、丰富、便捷的乡村文化资源数据库，为乡村文化的传承与创新提供有力支持。同时，这也体现了公共图书馆在乡村文化建设中的积极作用和贡献。

四、加强与其他文化机构的合作

在乡村文化建设过程中，公共图书馆需要积极寻求与其他文化机构的合作，以形成合力，共同推动乡村文化的繁荣与发展。这种合作模式不仅有助于丰富乡村文化内涵，提升公共图书馆的服务水平，还能有效促进文化资源的共

享与交流。以下从三个方面详细阐述公共图书馆如何加强与其他文化机构的合作：

（一）深化与博物馆、艺术馆的合作，实现资源互补

博物馆和艺术馆作为重要的文化机构，拥有丰富的文物，是乡村文化建设中不可或缺的资源。公共图书馆应加强与这些机构的合作，通过举办联合展览、开展文化交流活动等方式，将博物馆和艺术馆的藏品引入乡村，让村民近距离感受传统文化的魅力。同时，公共图书馆还可以借助博物馆和艺术馆的专业力量，开展文化遗产保护、传承和创新等方面的研究和探索，为乡村文化建设提供智力支持。

（二）拓展与高校、研究机构的合作，提升服务品质

高校和研究机构在人才、技术、研究等方面具有显著优势，是乡村文化建设的重要支撑力量。公共图书馆应积极与高校和研究机构建立合作关系，邀请专家、学者参与乡村文化活动的策划和实施，提升活动的专业性和影响力。同时，公共图书馆还可以借助高校和研究机构的学术资源，开展乡村文化研究和成果转化工作，为乡村文化建设提供理论支撑和实践指导。

（三）加强与民间文化组织、非遗传承人的合作，传承乡村文化根脉

民间文化组织和非遗传承人是乡村文化的活态载体，其承载着丰富的乡村文化记忆和技艺传承。公共图书馆应主动与这些组织和传承人建立联系，邀请他们参与公共图书馆的文化活动，分享乡村文化的故事和经验。同时，公共图书馆还可以为非遗传承人提供展示和传承的平台，帮助他们将传统技艺转化为现代文化产品，推动乡村文化的传承与创新。

在加强与其他文化机构合作的过程中，公共图书馆还需要注重以下几点：一是要建立完善的合作机制，明确各方的职责和权益，确保合作的顺利进行；二是要加强沟通协调，及时解决合作中出现的问题和困难；三是要注重合作效

果的评估和反馈，不断总结经验教训，优化合作模式。

加强与其他文化机构的合作是公共图书馆助力乡村文化建设的重要途径之一。通过深化与博物馆、艺术馆的合作，拓展与高校、研究机构的合作，以及加强与民间文化组织、非遗传承人的合作等方式，公共图书馆可以充分发挥自身在乡村文化建设中的积极作用，推动乡村文化的繁荣发展。

五、推动文化资源的开发与利用

在乡村文化建设中，文化资源的开发与利用是至关重要的一环。公共图书馆作为乡村文化建设的重要阵地，应积极发挥自身优势，深入挖掘乡村文化资源的价值，推动其开发与利用，为乡村文化的传承与创新贡献力量。以下从五个方面详细阐述公共图书馆如何推动文化资源的开发与利用：

（一）深入挖掘乡村文化资源，彰显独特魅力

公共图书馆应组织专业团队深入乡村，通过田野调查、访谈交流等方式，全面收集乡村文化资源，包括地方文献、传统技艺、民俗活动、历史遗迹等。在挖掘过程中，要注重资源的真实性和完整性，确保能够真实反映乡村文化的独特魅力。同时，还要对资源进行科学分类和整理，建立乡村文化资源数据库，为后续的开发与利用提供坚实基础。

（二）创新乡村文化资源，激发文化活力

公共图书馆可以通过举办文化展览、开展文化活动、创作文化产品等方式，将乡村文化资源转化为具体的文化成果，让更多的人了解和感受乡村文化的魅力。同时，还可以利用现代科技手段，如数字化技术、虚拟现实技术等，对乡村文化资源进行数字化呈现和互动体验，提高资源的传播效果和利用率。

（三）加强合作与交流，推动资源共享

在推动乡村文化资源的开发与利用的过程中，公共图书馆应加强与其他文化机构、政府部门、社会组织等的合作与交流。通过合作，可以共同开展文化资源开发项目，共享资源信息，实现优势互补。同时，还可以借助合作伙伴的力量，扩大文化资源的传播范围，提高乡村文化的知名度和影响力。

（四）注重培训与指导，提升村民文化素养

公共图书馆在推动乡村文化资源的开发与利用的过程中，还应注重提升村民的文化素养。可以通过举办文化讲座、开展文化培训等方式，向村民传授乡村文化的知识和技艺，提高他们的文化自觉和文化自信。同时，还可以引导村民积极参与文化资源的开发与利用工作，使他们成为乡村文化建设的重要力量。

（五）建立长效机制，保障开发与利用的可持续性

为了保障乡村文化资源的开发与利用的可持续性，公共图书馆应建立长效机制。这包括制定详细的开发与利用规划，明确目标、任务和措施；建立文化资源开发与利用的监测与评估机制，及时发现问题并进行调整；加强文化资源的保护与管理，确保资源的可持续利用；同时，还要注重培养一支专业的开发与利用队伍，为乡村文化建设提供有力的人才保障。

公共图书馆在推动乡村文化资源的开发与利用方面发挥着重要作用。通过深入挖掘乡村文化资源、创新开发与利用方式、加强合作与交流、注重培训与指导以及建立长效机制等措施的实施，可以有效推动乡村文化的传承与创新，为乡村文化建设贡献智慧和力量。

第二节 结合本地特色开展文化活动

一、挖掘本地文化资源

在乡村文化建设中，挖掘本地文化资源是一项重要而富有挑战性的任务。公共图书馆作为乡村文化建设的重要阵地，应当积极承担起挖掘本地文化资源的责任，为乡村文化的传承与创新提供有力支持。以下从四个方面详细阐述公共图书馆如何挖掘本地文化资源：

（一）深入调研，全面了解本地文化资源

为了有效挖掘本地文化资源，公共图书馆首先需要开展深入的调研工作。这包括了解乡村的历史背景、文化传统、民俗风情等，掌握本地文化资源的种类、分布和特点。通过走访村民、参观古迹、查阅文献资料等方式，公共图书馆可以全面了解本地文化资源的现状，为后续的资源挖掘工作提供坚实的基础。

（二）分类整理，建立本地文化资源数据库

在全面了解本地文化资源的基础上，公共图书馆需要对这些资源进行科学的分类整理。这包括对资源进行详细的描述、分类、编号等，以便后续管理和利用。同时，公共图书馆还可以利用现代信息技术手段，建立本地文化资源数据库，将资源信息数字化，方便村民和研究者查询和利用。通过数据库的建立，本地文化资源得到了有效的保护和传承，也为乡村文化的推广和创新提供了有力的支持。

（三）加强宣传，提高本地文化资源的知名度

挖掘本地文化资源的目的之一是让更多的人认识和了解乡村文化。因此，公共图书馆需要加强宣传工作，提高本地文化资源的知名度。这可以通过举办展览、开展讲座、制作宣传资料等方式来实现。公共图书馆还可以利用社交媒体等新媒体平台，扩大宣传范围，吸引更多的人关注和参与乡村文化建设。通过宣传，本地文化资源得到了更广泛的传播和认可，也为乡村文化的繁荣发展注入了新的活力。

（四）结合实际，开发具有地方特色的文化产品

挖掘本地文化资源的最终目的是将其转化为具有实际价值的文化产品，推动乡村经济的发展。因此，公共图书馆需要结合实际，开发具有地方特色的文化产品。这可以包括编写地方志、出版文化丛书、制作文创产品等。公共图书馆还可以与当地的文创企业、手工艺人等合作，共同开发具有市场潜力的文化产品。通过这些文化产品的推广和销售，不仅可以为乡村带来经济效益，还可以进一步提升乡村文化的知名度和影响力。

挖掘本地文化资源是公共图书馆助力乡村文化建设的重要途径之一。通过深入调研、分类整理、加强宣传和开发具有地方特色的文化产品等措施的实施，公共图书馆可以有效地挖掘和利用本地文化资源，为乡村文化的传承与创新提供有力支持。同时，这也有助于提升乡村文化的软实力，推动乡村经济的持续发展。

二、策划主题文化活动

策划主题文化活动是公共图书馆助力乡村文化建设的重要途径之一。通过精心策划和组织丰富多彩的文化活动，公共图书馆不仅能够丰富村民的精神文化生活，还能提升乡村文化的品质和内涵。以下从五个方面详细阐述公共图书

馆如何策划主题文化活动:

（一）结合时令节气，打造特色文化活动

公共图书馆可以结合乡村的时令节气，策划一系列具有地方特色的文化活动。比如，公共图书馆在春节期间可以举办"迎新春·话年俗"主题展览，展示乡村的年俗文化和传统手工艺;在端午节时，可以组织包粽子比赛和龙舟表演等活动，让村民在参与中感受传统文化的魅力。这些活动不仅丰富了村民的节日生活，还增强了乡村文化的凝聚力。

（二）邀请专家学者，开展文化讲座与培训

公共图书馆可以积极邀请文化领域的专家学者，来到乡村开展文化讲座与培训活动。这些活动可以涵盖历史、文学、艺术等多个领域，为村民普及高质量的文化知识。通过专家的讲解和互动，村民能够深入地了解乡村文化的内涵和价值，提升自身的文化素养。

（三）举办文化展览，展示乡村文化成果

公共图书馆可以定期举办文化展览，展示乡村的文化成果和特色资源。这些展览可以包括村民的书画作品、手工艺品、地方文献等，通过实物展示和文字说明，让村民更加直观地感受乡村文化的魅力。同时，展览还可以吸引外来游客的关注，为乡村文化的传播和交流搭建平台。

（四）开展亲子阅读活动，培养乡村阅读风尚

公共图书馆可以针对乡村儿童和家长，开展亲子阅读活动。通过组织阅读分享会、故事会等，引导家长和孩子共同阅读、分享阅读的乐趣。这些活动不仅能够培养孩子的阅读习惯和兴趣，还能够增进亲子关系，促进家庭和谐。同时，亲子阅读活动也是推广乡村文化的重要途径之一，让孩子在阅读中了解乡村的历史和文化。

（五）创新活动形式，提升村民参与热情

为了提升村民对文化活动的参与热情，公共图书馆需要不断创新活动形式和内容。公共图书馆可以通过举办文化游园会、乡村才艺大赛等富有创意的活动，激发村民的兴趣，吸引村民积极参与；同时，还可以利用现代科技手段，如网络直播、线上互动等，扩大活动的影响力和参与度。通过创新活动形式，公共图书馆能够激发村民对乡村文化的热爱和自豪感，推动乡村文化的繁荣发展。

策划主题文化活动是公共图书馆助力乡村文化建设的重要路径之一。通过结合时令节气、邀请专家学者、举办文化展览、开展亲子阅读活动以及创新活动形式等策略的实施，公共图书馆能够丰富村民的精神文化生活，提升乡村文化的品质和内涵，为乡村文化建设贡献智慧和力量。

三、举办文化展览

举办文化展览是公共图书馆助力乡村文化建设的重要途径之一。通过展览的形式，公共图书馆能够将乡村的文化资源、历史传统、民俗风情等呈现给村民和外来游客，进而推动乡村文化的传承与创新。以下从三个方面详细阐述公共图书馆如何通过举办文化展览来助力乡村文化建设：

（一）深入挖掘乡村文化资源，打造特色展览

公共图书馆在举办文化展览时，应深入挖掘乡村的文化资源，包括地方文献、传统技艺、历史遗迹等，打造具有地方特色的展览。公共图书馆通过展览的策划与设计，将乡村文化的独特魅力展现给观众，让他们感受到乡村文化的深厚底蕴和无限魅力。同时，展览还可以结合乡村的特色，推出主题鲜明的展览内容，吸引更多观众的关注和参与。

（二）创新展览形式，提升观众体验

为了提升观众的参与度和体验感，公共图书馆需要不断创新展览形式。除了传统的图文展示外，公共图书馆还可以引入多媒体、互动体验等元素，让观众在参观展览的过程中能够更加深入地了解乡村文化。例如，公共图书馆可以设置 VR（虚拟现实技术）体验区，让观众通过虚拟现实技术亲身体验乡村的自然风光和人文景观；还可以举办文化讲座、互动问答等活动，增加展览的趣味性和互动性。通过这些创新形式，公共图书馆能够打造出更加生动、有趣的文化展览，让观众在轻松愉快的氛围中感受乡村文化的魅力。

（三）加强宣传推广，扩大展览影响力

举办文化展览的目的是让更多的人认识和了解乡村文化，因此公共图书馆需要加强宣传推广工作。公共图书馆可以利用乡村的广播、电视、报纸等传统媒体进行宣传报道；也可以通过微信公众号、抖音等新媒体平台进行线上推广；同时，还可以与当地的文旅部门、企业等合作，共同推广展览活动，吸引更多的游客前来参观。通过广泛的宣传和推广，公共图书馆举办的文化展览能够吸引更多的观众，扩大乡村文化的影响力，进一步推动乡村文化建设的深入发展。

综上所述，举办文化展览是公共图书馆助力乡村文化建设的重要路径之一。通过深入挖掘乡村文化资源、创新展览形式以及加强宣传推广等策略的实施，公共图书馆能够打造出具有地方特色的文化展览，提升观众的参与度和体验感，扩大乡村文化的影响力。这些展览不仅能够丰富村民的精神文化生活，还能够吸引外来游客的关注和参与，为乡村文化的发展注入新的活力。

四、吸引文化人才参与

吸引文化人才参与是公共图书馆助力乡村文化建设不可或缺的一环。文化人才以其深厚的文化底蕴和创新能力，能够为乡村文化建设提供智力支持和动

力源泉。以下从四个方面详细阐述公共图书馆如何吸引文化人才参与：

（一）建立人才库，广纳贤才

公共图书馆应建立乡村文化人才库，通过广泛搜集和整理，将具备文化素养和创新能力的各类人才纳入库中。这包括但不限于文学创作者、艺术家、学者、教育工作者等。人才库的建立，不仅能够为乡村文化建设提供源源不断的人才资源，还能为公共图书馆的各项文化活动提供专业人才支持。

（二）搭建合作平台，促进人才交流

为了充分发挥文化人才的作用，公共图书馆应搭建起一个合作与交流的平台。这个平台可以是一个实体空间，如文化沙龙、创作工作室等；也可以是线上平台，如论坛、微信群等。通过这些平台，文化人才可以分享他们的创作成果、交流心得体会，也可以共同策划和组织文化活动。这种合作与交流不仅能够促进文化人才之间互相学习和成长，还能为乡村文化建设注入新的活力和创意。

（三）提供优惠政策，吸引人才入驻

为了吸引更多的文化人才参与到乡村文化建设中来，公共图书馆可以制定一系列优惠政策。例如，公共图书馆可以为文化人才提供免费的图书借阅服务、优先参加公共图书馆举办的文化活动等。此外，公共图书馆还可以与当地政府合作，为文化人才提供住房、交通等方面的便利。这些优惠政策的实施，能够降低文化人才参与乡村文化建设的成本，提高他们的积极性和参与度。

（四）发挥人才作用，推动项目落地

吸引文化人才参与乡村文化建设的最终目的是推动文化项目的落地实施。因此，公共图书馆应充分发挥文化人才的作用，鼓励他们积极参与文化项目的策划、组织和实施。这些项目可以包括文化讲座、艺术展览、文学创作等。通过文化人才的参与和推动，这些项目不仅能够得到更好的实施效果，还能为乡村文化建设带来实实在在的影响和改变。

吸引文化人才参与是公共图书馆助力乡村文化建设的重要途径之一。通过建立人才库、搭建合作平台、提供优惠政策和发挥人才作用等策略的实施，公共图书馆能够吸引更多的文化人才参与到乡村文化建设中来，为乡村文化的繁荣发展注入新的活力和动力。同时，这也是公共图书馆作为乡村文化建设重要阵地所应承担的责任与使命的体现。

五、加强宣传与推广

加强宣传与推广是公共图书馆助力乡村文化建设不可或缺的一环。公共图书馆通过有效宣传和推广，不仅可以提升乡村文化的知名度和影响力，还能吸引更多的村民和外来游客参与到乡村文化建设中来。以下从三个方面详细阐述公共图书馆如何加强宣传与推广：

（一）制定宣传策略，明确推广目标

公共图书馆应制定具有针对性的宣传策略，明确推广目标和受众群体。根据乡村文化的特点和受众需求，公共图书馆可以选择适合的宣传渠道和方式，如利用传统媒体、新媒体以及线下活动等途径进行宣传；同时，要制订具体的宣传计划和时间表，确保宣传活动的连续性和有效性。

（二）丰富宣传内容，展现乡村文化魅力

宣传内容的质量直接关系到宣传效果。公共图书馆应深入挖掘乡村文化的内涵和价值，提炼出具有代表性和吸引力的宣传素材。公共图书馆可以通过撰写宣传文案、拍摄宣传视频、制作宣传海报等方式，展现乡村文化的独特魅力和精彩瞬间。同时，要注重宣传内容的真实性和客观性，避免夸大其词或虚假宣传。

（三）创新宣传形式，提升推广效果

为了提升宣传效果，公共图书馆需要不断创新宣传形式。可以运用现代科技手段，如社交媒体、短视频平台等，进行线上宣传和推广。公共图书馆通过发布动态、分享文章、开直播等方式，吸引更多网友关注和参与；还可以举办线下宣传活动，如文化节庆、主题展览等，让村民和游客亲身感受乡村文化的魅力。这些创新形式的宣传和推广，不仅能够扩大乡村文化的影响力，还能提升村民的文化自豪感和归属感。

在加强宣传与推广的过程中，公共图书馆还应注重与村民和游客的互动与反馈。公共图书馆可以通过问卷调查、座谈会等方式，了解他们的需求和意见，不断优化宣传策略和内容；同时，要积极回应社会关切和质疑，及时澄清误解和谣言，维护乡村文化的良好形象。

加强宣传与推广是公共图书馆助力乡村文化建设的重要途径之一。通过制定宣传策略、丰富宣传内容以及创新宣传形式等策略的实施，公共图书馆能够提升乡村文化的知名度和影响力，吸引更多的人参与到乡村文化建设中来。在未来的工作中，公共图书馆应继续加大宣传与推广力度，为乡村文化建设贡献更多力量。

第三节 保护和传承乡村口头传统文化

一、开展口头传统文化普查

口头传统文化是乡村文化的重要组成部分，它承载着乡村的历史记忆、民俗风情和人文精神。开展口头传统文化普查是公共图书馆助力乡村文化建设的重要途径之一，有助于挖掘、保护和传承这些珍贵的文化遗产。以下从四个方面详细阐述公共图书馆如何开展口头传统文化普查：

（一）明确普查目标，制订详细计划

公共图书馆在开展口头传统文化普查时，应明确普查的目标和任务，即全面搜集、整理乡村的口头传统文化资源，包括民间故事、歌谣、谚语、传说等。同时，公共图书馆还要制订详细的普查计划，包括普查的时间、地点、人员分工、经费预算等，确保普查工作的有序进行。

（二）深入乡村基层，广泛搜集资料

普查工作需要深入到乡村基层，与村民面对面交流，广泛搜集口头传统文化资料。公共图书馆可以组织专业的普查团队，走进乡村，通过访谈、录音、录像等方式，记录村民的口头传统文化表达；也可以发动村民积极参与普查工作，提供线索和资料，共同推动口头传统文化的挖掘和整理。

（三）整理分类资料，建立档案库

收集到的口头传统文化资料需要进行整理、分类和归档，以便后续的研究和利用。公共图书馆可以组织专业人员对资料进行甄别、筛选和整理，按照不同的主题和内容进行分类，并建立完善的档案库；还可以利用现代信息技术手

段，对资料进行数字化处理，建立电子档案，方便查询和利用。

（四）加强宣传推广，促进文化传承

开展口头传统文化普查的目的不仅在于挖掘和整理文化遗产，更在于促进文化的传承和发展。因此，公共图书馆在普查工作完成后，应加强宣传推广，通过各种渠道和方式，向村民和外界展示乡村的口头传统文化魅力。公共图书馆可以举办展览、演出、讲座等活动，让更多的人认识和了解乡村的口头传统文化，激发他们对乡村文化的热爱和自豪感；也可以与教育机构、研究机构等合作，开展相关的教育和研究工作，推动口头传统文化的传承和发展。

通过开展口头传统文化普查，公共图书馆不仅能够挖掘和整理乡村的口头传统文化资源，为乡村文化建设提供宝贵的素材和灵感；还能够促进文化的传承和发展，增强村民的文化自信和归属感。这是公共图书馆作为乡村文化建设的重要力量所应承担的责任与使命的体现。在未来的工作中，公共图书馆应继续深入开展口头传统文化普查工作，为乡村文化的繁荣发展贡献更多力量。

二、建立口头传统档案

建立口头传统档案是公共图书馆助力乡村文化建设的重要路径之一。通过系统地收集、整理、保存和传播口头传统，公共图书馆不仅能为乡村文化的传承和发展提供坚实支撑，还能促进乡村文化的多样性和创新性。以下从五个方面详细阐述公共图书馆如何建立口头传统档案：

（一）全面调研，明确档案建立需求

公共图书馆在建立口头传统档案前，应对乡村的口头传统进行全面调研。公共图书馆可以通过深入乡村、与村民交流、收集文献资料等方式，了解口头传统的内容、分布、传承情况等信息，明确档案建立的需求和目标；同时，分析乡村文化发展的现状和趋势，为档案建立提供科学依据。

（二）系统收集，确保档案完整性

口头传统的收集是建立档案的基础工作。公共图书馆应制订详细的收集计划，通过录音、录像、文字记录等方式，全面、系统地收集乡村的口头传统。收集过程要注重原始性、真实性和完整性，确保档案的真实可信；同时，建立严格的收集标准和程序，规范收集行为，避免遗漏和重复。

（三）科学整理，提高档案利用率

收集到的口头传统资料需要进行科学整理，以便后续查询和利用。公共图书馆应根据口头传统的特点和内容，进行分类、编目和索引。同时，公共图书馆应利用现代信息技术手段，对档案进行数字化处理，建立电子档案系统，方便远程查询和利用。此外，公共图书馆还应制定档案管理制度，规范档案的保管、借阅和利用行为，确保档案的安全和完整。

（四）多元展示，促进文化传承

建立口头传统档案的目的不仅在于保存和传承文化，更在于让更多的人认识和了解乡村文化。因此，公共图书馆应通过多种途径展示口头传统档案。公共图书馆可以举办展览、演出、讲座等活动，向村民和游客展示口头传统的魅力；也可以利用网络平台，发布档案内容、传播乡村文化故事，扩大影响力。这些展示活动不仅能够让更多的人了解乡村文化，还能激发村民的文化自豪感和归属感，促进文化传承和发展。

（五）深化研究，挖掘档案价值

口头传统档案不仅是文化遗产的保存载体，更是乡村文化研究的宝贵资料。公共图书馆应加强与学术界的合作，组织专家、学者对档案进行深入研究，挖掘其中的历史价值、文化价值和社会价值；同时，鼓励村民参与研究活动，分享他们的经验和见解，促进乡村文化的创新发展。这些研究成果不仅能够丰富乡村文化的内涵，还能为乡村发展提供智力支持和决策参考。

通过建立口头传统档案，公共图书馆能够系统地保存和传承乡村的口头传统，为乡村文化建设提供有力支撑。同时，这也是公共图书馆履行社会责任、推动乡村文化繁荣发展的重要体现。在未来的工作中，公共图书馆应继续加强口头传统档案的建立工作，为乡村文化的传承和发展贡献更多力量。

三、培养传承人才

培养传承人才是公共图书馆助力乡村文化建设的重要一环。乡村文化的传承和发展离不开一批热爱文化、有才华、有创新精神的传承人。公共图书馆作为乡村文化建设的重要阵地，应承担起培养传承人才的责任与使命。以下从四个方面详细阐述公共图书馆如何培养传承人才：

（一）开展文化教育，培育文化土壤

公共图书馆应通过开展文化教育活动，培育乡村的文化土壤，为传承人才的培养提供良好环境。公共图书馆可以举办文化讲座、读书会、展览等，向村民普及文化知识，提高他们的文化素养；同时，还可以开展文化教育进校园活动，从小培养孩子们对文化的兴趣和热爱。这些活动不仅能够丰富村民的精神生活，还能够激发他们的文化创造力，为传承人才的培养奠定基础。

（二）设立培训项目，提升传承技能

为了提升传承人的专业技能和创新能力，公共图书馆可以设立专门的培训项目。公共图书馆可以邀请专家、学者、文化名人等担任讲师，为传承人提供系统的培训。培训内容可以包括口头传统的记录与整理、文化活动的策划与组织、文化创新的方法与技巧等。通过培训，传承人能够掌握更多的知识和技能，提高他们的传承能力。

（三）搭建实践平台，促进传承创新

实践是检验真理的唯一标准，也是培养传承人才的重要途径之一。公共图书馆应为传承人搭建实践平台，让他们在实践中锻炼和成长。公共图书馆可以组织传承人参与文化活动的策划与实施，让他们在实践中积累经验，提升能力；同时，还可以鼓励传承人进行文化创新，推出具有乡村特色的文化产品，促进乡村文化的繁荣发展。

（四）建立激励机制，激发传承热情

为了激发传承人的积极性和创造力，公共图书馆应建立激励机制。公共图书馆可以通过设立奖项、提供资金扶持等方式，对在文化传承和创新方面做出突出贡献的传承人进行表彰和奖励；同时，还可以与媒体合作，宣传传承人的事迹和成果，提高他们的社会知名度和影响力。这些激励措施不仅能够激发传承人的热情，还能够吸引更多的人参与到乡村文化传承中来。

通过培养传承人才，公共图书馆能够为乡村文化建设提供源源不断的人才支持。这些传承人才不仅能够继承和发扬乡村的优秀传统文化，还能够为乡村文化的创新发展注入新的活力和动力。这是公共图书馆助力乡村文化建设的重要路径和策略，也是其履行社会责任、推动乡村文化繁荣发展的重要体现。在未来的工作中，公共图书馆应继续加强传承人才的培养工作，为乡村文化的传承和发展贡献更多力量。

四、举办传承活动

举办传承活动是公共图书馆助力乡村文化建设的重要途径之一。通过丰富多彩的活动形式，公共图书馆不仅能够激发村民对传统文化的兴趣与热爱，还能够促进乡村文化的传承与创新。以下从四个方面详细阐述公共图书馆如何举办传承活动：

（一）策划特色活动，展现乡村文化魅力

公共图书馆应深入挖掘乡村文化的内涵与特色，策划一系列具有地方特色的传承活动。这些活动可以包括传统节庆活动、民俗文化展示、手工艺制作体验等，旨在展现乡村文化的独特魅力。通过活动的举办，村民能够亲身感受到传统文化的魅力，增强对乡村文化的认同感和自豪感。

（二）搭建互动平台，促进文化交流与共享

传承活动不仅是展示乡村文化的平台，更是促进文化交流与共享的重要载体。公共图书馆应搭建起村民与村民、村民与外界之间的互动平台，让不同文化背景的人们能够相互学习、相互借鉴。公共图书馆可以通过举办文化沙龙、座谈会等形式，邀请专家、学者、文化名人等与村民进行面对面交流，分享文化心得与体验。这种互动与交流不仅能够拓宽村民的文化视野，还能够促进乡村文化的创新发展。

（三）注重活动实效，提升村民参与度

传承活动的成功关键在于村民的参与度和活动的实效性。公共图书馆应注重活动的实际效果，通过创新活动形式、丰富活动内容等方式，吸引更多的村民参与进来。公共图书馆可以结合村民的兴趣爱好和实际需求，设计一些互动性强、参与度高的活动环节，如传统文化知识竞赛、手工艺制作比赛等。同时，公共图书馆还应加强对活动的宣传与推广，提高活动的知名度和影响力，吸引更多的村民关注和参与。

（四）总结活动经验，推动文化传承常态化

每次传承活动的举办都是一次宝贵的经验积累过程。公共图书馆应认真总结活动的经验教训，不断完善活动方案和组织形式；同时，还应将传承活动纳入乡村文化建设的长效机制中，推动文化传承的常态化发展。公共图书馆可以通过建立活动档案、制订活动计划等方式，确保传承活动的连续性和稳定性；

还可以与政府部门、社会组织等合作，共同推动乡村文化建设的深入发展。

通过举办传承活动，公共图书馆能够搭建起乡村文化展示与交流的平台，激发村民对传统文化的兴趣与热爱，促进乡村文化的传承与创新。这也是公共图书馆履行社会责任、推动乡村文化繁荣发展的重要体现。在未来的工作中，公共图书馆应继续加强传承活动的策划与实施工作，为乡村文化建设贡献更多力量。

五、探索数字化保护手段

随着信息技术的飞速发展，数字化保护手段在乡村文化建设中发挥着越来越重要的作用。公共图书馆作为乡村文化建设的重要阵地，应积极探索数字化保护手段，为乡村文化的传承与发展注入新的活力。以下从五个方面详细阐述公共图书馆如何探索数字化保护手段：

（一）建立乡村文化数字资源库

公共图书馆应利用现代信息技术手段，建立乡村文化数字资源库，将乡村的口头传统、民俗风情、历史遗迹等文化资源进行数字化处理，实现资源的共享与传承。建立数字资源库，不仅可以方便村民和外界了解乡村文化，还可以为研究者提供丰富的资料支持，推动乡村文化的深入研究。

（二）开展数字化展览与推广活动

数字化展览与推广活动是利用数字技术展示乡村文化的有效方式。公共图书馆可以运用虚拟现实、增强现实等技术，将乡村文化的场景、物品等进行数字化重现，让参观者仿佛置身于乡村文化的现场；同时，还可以通过线上平台，如官方网站、社交媒体等，开展数字化推广活动，让更多的人了解乡村文化，感受乡村文化的魅力。

（三）提供数字化学习与服务

公共图书馆作为乡村地区的文化中心，应提供数字化学习与服务，满足村民多样化的文化需求。公共图书馆可以设立电子阅览室，提供数字化阅读资源，让村民通过电子设备随时随地进行学习；同时，还可以开设数字化培训课程，教授村民如何使用数字技术进行文化创作、传播与保护，提高他们的数字素养和文化自觉。

（四）加强数字化保护技术研发与创新

数字化保护手段的发展离不开技术的支持。公共图书馆应加强与科研机构、高校等的合作，共同研发适用于乡村文化保护的数字化技术。公共图书馆可以通过技术创新，提高数字化保护的效率和精度，为乡村文化的传承与发展提供有力保障。同时，公共图书馆还应关注新技术的发展动态，及时引进和应用新技术，推动乡村文化数字化保护的持续进步。

（五）培养数字化保护人才

数字化保护手段的实施离不开专业人才的支撑。公共图书馆应重视数字化保护人才的培养工作，通过举办培训班、开展实践项目等方式，提高公共图书馆员和相关人员的数字化保护技能。同时，公共图书馆还可以与高校合作，设立相关专业或课程，培养更多具备数字化保护能力的专业人才，为乡村文化数字化保护提供坚实的人才保障。

通过探索数字化保护手段，公共图书馆能够在乡村文化建设中发挥更大的作用。数字化保护不仅能够提高乡村文化资源的保护效率，还能够拓宽乡村文化的传播渠道，增强乡村文化的影响力。这是公共图书馆助力乡村文化建设的重要途径之一，也是其履行社会责任、推动乡村文化繁荣发展的重要体现。在未来的工作中，公共图书馆应继续深化数字化保护手段的探索与实践，为乡村文化建设贡献更多力量。

第四节 构建文化保护合力

一、加强政府部门引导

在推动乡村文化建设的过程中,政府部门的引导与支持起到了至关重要的作用。公共图书馆作为乡村文化建设的重要载体,其作用的发挥同样离不开政府部门的引导与推动。以下从三个方面详细阐述政府部门如何加强引导:

(一)制定政策规划,明确发展方向

政府部门应制定明确的政策规划,为乡村文化建设提供指导与支持。政府部门通过制定相关政策,明确乡村文化建设的目标、任务与措施,为公共图书馆在乡村文化建设中的定位与功能提供清晰的指引。同时,政府部门还应建立健全相关法规,保障公共图书馆在乡村文化建设中的合法权益,为其发展创造良好的法治环境。

在制定政策规划的过程中,政府部门还应充分考虑乡村地区的实际情况与需求,确保政策的针对性与可操作性。政府部门通过深入调研,了解乡村文化的特色与优势,以及村民对文化的需求与期待,为政策规划提供科学依据。此外,政府部门还应加强与公共图书馆的沟通与合作,共同制定符合乡村实际的文化建设方案。

(二)加大投入力度,提供资金支持

资金是乡村文化建设的重要保障,也是公共图书馆发展的重要支撑。政府部门应加大对乡村文化建设的投入力度,为公共图书馆提供充足的资金支持。政府部门可以通过设立专项资金、实施财政补贴等方式,确保公共图书馆在基础设施建设、资源采购、活动开展等方面的资金需求得到满足。

同时，政府部门还应引导社会资本参与乡村文化建设，鼓励企业、社会组织等力量投入公共图书馆建设。政府部门可以通过政策引导与激励，吸引更多社会资源流向乡村文化建设领域，形成多元化投入格局。此外，政府部门还应建立健全资金使用监管机制，确保资金使用的合规性与有效性。

（三）建立协调机制，促进部门合作

乡村文化建设是一个系统工程，需要多个部门的共同参与与协作。政府部门应建立协调机制，促进各部门之间的沟通与合作，形成推动乡村文化建设的合力。政府部门可以通过建立跨部门协作机制，明确各部门的职责与分工，确保各项政策与措施得到有效落实。

在建立协调机制的过程中，政府部门还应注重发挥公共图书馆的桥梁与纽带作用。政府部门通过加强与公共图书馆的联系与合作，共同推动乡村文化资源的整合与共享，促进乡村文化的传承与创新。同时，政府部门还应加强对公共图书馆的业务指导与培训，提升其服务能力与水平，为乡村文化建设提供有力支撑。

加强政府部门的引导是推动乡村文化建设的关键一环。通过制定政策规划、加大投入力度、建立协调机制等措施，政府部门能够为公共图书馆在乡村文化建设中发挥更大作用提供有力保障与支持。在未来的工作中，政府部门应继续加强对乡村文化建设的重视与支持，推动乡村文化的繁荣发展。

二、调动社会各界参与

在推动乡村文化建设的过程中，公共图书馆作为重要的文化阵地，其功能的发挥离不开社会各界的广泛参与和支持。调动社会各界的积极性，可以有效推动公共图书馆在乡村文化建设中发挥更大的作用。以下从四个方面详细阐述如何调动社会各界参与：

（一）加强社会宣传，提高认知度

要调动社会各界的参与热情，首先需要加强对乡村文化的建设和公共图书馆功能的宣传。通过媒体、网络等渠道，广泛宣传乡村文化的重要性、公共图书馆的服务内容和成果，提高社会各界对乡村文化建设的认知度和关注度。同时，可以组织各种形式的宣传活动，如文化讲座、展览、演出等，吸引更多公众了解并参与到乡村文化建设中来。

（二）建立合作机制，促进资源共享

公共图书馆在乡村文化建设中需要与各类机构和组织建立紧密的合作关系。通过与学校、企业、文化团体等建立合作机制，公共图书馆可以实现资源共享和互利共赢。例如，与学校合作开展阅读推广活动，与企业合作设立文化基金，与文化团体合作举办文化活动等。这些合作不仅可以为公共图书馆提供更多的资源支持，还可以拓宽其服务领域，丰富乡村文化生活。

（三）鼓励社会捐赠，拓宽资金来源

资金是乡村文化建设和公共图书馆发展的重要保障。除了政府投入外，还需要积极鼓励社会各界进行捐赠。可以通过设立捐赠基金、接受个人或企业捐赠等方式，筹集更多的资金用于支持乡村文化建设和公共图书馆的发展。同时，还可以建立捐赠荣誉制度，对捐赠者进行表彰和感谢，激发更多人的捐赠热情。

（四）引导志愿者参与，提升服务水平

志愿者是乡村文化建设和公共图书馆发展的重要力量。引导志愿者参与乡村文化建设活动，可以为公共图书馆提供人力支持，同时提升公共图书馆的服务水平。公共图书馆可以建立志愿者招募、培训和管理机制，吸引更多有志于乡村文化建设的人士加入志愿者队伍中来。志愿者可以参与公共图书馆的日常管理、读者服务、活动策划等工作，为乡村居民提供更便捷、更专业的文化服务。

调动社会各界参与是推动乡村文化建设和公共图书馆发展的重要途径之一。公共图书馆通过加强社会宣传、建立合作机制、鼓励社会捐赠和引导志愿者参与等措施，可以有效激发社会各界的参与热情，推动其在乡村文化建设中发挥更大的作用。同时，这也需要公共图书馆自身不断提升服务质量和创新能力，以更好地满足乡村居民的文化需求，推动乡村文化的繁荣发展。

三、加强文化工作者队伍建设

在推动乡村文化建设的过程中，文化工作者队伍是公共图书馆发挥作用的核心力量。建设一支高素质、专业化的文化工作者队伍，对于公共图书馆助力乡村文化建设具有重要意义。以下从三个方面详细阐述如何加强文化工作者队伍建设：

（一）提升专业素养，强化服务能力

公共图书馆作为乡村文化建设的重要阵地，其文化工作者需要具备扎实的专业素养和较高的服务能力。因此，加强文化工作者的专业培训和学习至关重要。公共图书馆可以通过举办定期的业务培训、邀请专家授课、开展经验交流等方式，提升文化工作者在图书馆学、信息管理、读者服务等方面的专业素养。同时，鼓励文化工作者参加各类学术交流活动，拓宽视野，增强创新能力。

在提升专业素养的基础上，公共图书馆还需要注重强化文化工作者的服务能力。公共图书馆要培养文化工作者树立以读者为中心的服务理念，提升沟通技巧和服务水平，为乡村居民提供高效、便捷、温馨的文化服务。此外，文化工作者还应积极了解乡村居民的文化需求和阅读习惯，有针对性地开展阅读推广、信息咨询等个性化服务。

（二）引进优秀人才，优化队伍结构

为了进一步提高公共图书馆的服务水平，公共图书馆需要积极引进优秀人才，优化队伍结构。可以通过制定优惠政策、提高薪酬待遇等方式，吸引更多具备图书馆学、历史学、文学等相关专业背景的人才加入文化工作者队伍。同时，还可以与高校、研究机构等建立合作关系，共同培养乡村文化建设所需的专业人才。

在引进人才的同时，公共图书馆还需要注重队伍结构的优化。要根据实际需求，合理配置不同年龄段、不同专业背景的文化工作者，形成一支结构合理、优势互补的队伍。此外，还要加强队伍内部的交流与合作，促进知识共享和经验传承，提升整体服务效能。

（三）建立激励机制，激发工作热情

为了保持文化工作者队伍的稳定性和积极性，公共图书馆需要建立有效的激励机制。可以通过设立奖励制度，对在工作中表现突出的文化工作者给予物质和精神上的奖励，激发他们的工作热情和创造力；同时，还可以建立完善的晋升机制，为文化工作者提供广阔的职业发展空间，让他们看到在公共图书馆工作的前景和希望。

此外，公共图书馆还需要关注文化工作者的生活和工作条件，为他们提供必要的支持和保障。可以通过改善工作环境、提供福利待遇等方式，增强文化工作者的归属感和忠诚度，使他们更加投入地工作。

加强文化工作者队伍建设是推动公共图书馆助力乡村文化建设的关键一环。通过提升专业素养、引进优秀人才、建立激励机制等措施，公共图书馆可以打造一支高素质、专业化的文化工作者队伍，为乡村文化建设提供有力的人才保障。

四、建立合作机制

在推动乡村文化建设的过程中，公共图书馆作为重要的文化服务机构，需要积极与其他相关机构和组织建立合作机制，共同推动乡村文化的繁荣发展。

以下从三个方面详细阐述建立合作机制的重要性及其实践路径:

(一)跨部门合作,形成政策合力

公共图书馆应加强与政府部门的沟通与合作,形成跨部门合作机制。通过定期召开联席会议、签署合作协议等方式,共同研究制定乡村文化建设的政策与规划,确保政策之间的衔接与协调。同时,公共图书馆可以依托政府部门的资源和平台,争取更多的政策支持和资金投入,为乡村文化建设提供有力保障。

此外,跨部门合作还有助于公共图书馆更好地了解政府部门的需求和期望,从而调整和优化服务内容与方式,更好地满足乡村居民的文化需求。通过共同举办文化活动、开展文化项目等方式,公共图书馆与政府部门可以形成合力,共同推动乡村文化的传承与创新。

(二)跨机构合作,实现资源共享

公共图书馆还应积极与各类文化机构和组织建立合作机制,实现资源共享和优势互补。例如,可以与博物馆、美术馆等合作,共同策划展览活动,为乡村居民提供丰富的视觉盛宴;可以与高校、研究机构等合作,共同开展文化研究项目,为乡村文化建设提供智力支持;还可以与文化企业合作,推动文化产品与服务的创新与开发。

通过跨机构合作,公共图书馆不仅可以拓宽服务领域,提升服务水平,还可以借助合作伙伴的专业优势和资源力量,共同推动乡村文化的繁荣发展。同时,这种合作也有助于提升公共图书馆的社会影响力和认可度,吸引更多的人才和资源参与到乡村文化建设中来。

(三)社区合作,深化服务内涵

公共图书馆作为社区文化服务的重要载体,还应加强与社区组织的合作,深化服务内涵。公共图书馆可以与村委会、社区文化中心等合作,共同开展阅读推广活动、文化讲座等,提升乡村居民的文化素养和阅读水平;可以与民间文化团体合作，共同挖掘和传承乡村传统文化，打造具有地方特色的文化品牌；还可以与志愿者组织合作，共同开展文化志愿服务活动，为乡村居民提供更加贴心、便捷的服务。

通过社区合作，公共图书馆可以更好地融入乡村社区，了解乡村居民的文化需求和期望，从而提供更加符合实际、贴近生活的文化服务。同时，这种合作也有助于增强乡村居民的文化自觉和文化自信，推动乡村文化的发展与创新。

综上所述，建立合作机制是推动公共图书馆助力乡村文化建设的重要途径。通过跨部门合作、跨机构合作和社区合作等方式，公共图书馆可以与其他相关机构和组织形成合力，共同推动乡村文化的繁荣发展。同时，这种合作也有助于提升公共图书馆的服务水平和社会影响力，为乡村文化建设贡献更多力量。

五、发挥志愿者的作用

在公共图书馆助力乡村文化建设的进程中，志愿者的参与和贡献不可忽视。他们不仅为乡村居民提供了多样化的文化服务，还促进了乡村文化的传播与创新。以下从六个方面详细阐述如何发挥志愿者的作用：

（一）扩大服务力量，弥补人员不足

乡村地区的公共图书馆往往面临人员不足的困境，而志愿者的加入可以有效弥补这一不足。他们可以在公共图书馆的日常运营、读者服务、活动策划等方面提供有力的支持，扩大服务力量，提升服务效率。通过志愿者的参与，公共图书馆能够更好地满足乡村居民的文化需求，推动乡村文化的繁荣发展。

（二）提供专业化服务，提升服务质量

志愿者队伍中不乏具备专业知识和技能的人才，他们可以为乡村居民提供

专业化的文化服务。例如，具备图书馆学、历史学、文学等专业背景的志愿者可以协助开展阅读推广、信息咨询、文献整理等工作；具备艺术、音乐等特长的志愿者可以组织文化活动、开展艺术培训等。这些专业化服务不仅能够提升公共图书馆的服务质量，还能够激发乡村居民的文化兴趣，促进乡村文化的传播与创新。

（三）搭建沟通桥梁，促进文化交流

志愿者作为乡村居民与公共图书馆之间的桥梁，可以促进双方之间的沟通与交流。他们可以通过与乡村居民的互动，了解他们的文化需求和阅读习惯，为公共图书馆提供宝贵的反馈和建议。同时，志愿者还可以将公共图书馆的资源和服务介绍给乡村居民，引导他们积极参与文化活动，享受文化成果。这种双向沟通与交流有助于增进乡村居民对公共图书馆的认知和信任，推动乡村文化的交流与融合。

（四）开展文化教育，提升文化素养

志愿者可以发挥自身的优势，开展文化教育活动，提升乡村居民的文化素养。他们可以组织阅读分享会、文化讲座、展览等活动，引导乡村居民阅读经典著作、了解历史文化、欣赏艺术作品。通过这些活动，志愿者可以帮助乡村居民拓宽文化视野，增强文化自信，提升文化素养。

（五）传承乡村文化，弘扬地域特色

乡村地区往往拥有丰富的地域文化和特色资源，志愿者可以积极参与乡村文化的传承与弘扬工作。他们可以协助公共图书馆收集和整理乡村文化遗产，建立乡村文化档案；可以组织文化节庆活动，展示乡村文化的独特魅力；还可以开展文化研究和创作，推动乡村文化的创新发展。通过志愿者的努力，乡村文化得以传承和弘扬，为乡村文化建设注入新的活力。

（六）建立长效机制，促进持续发展

为了充分发挥志愿者的作用，公共图书馆需要建立长效机制，促进志愿服务的持续发展。公共图书馆可以加强与高校的合作，共同开展志愿服务项目；还可以通过政策扶持和资金支持等方式，为志愿服务提供有力保障。这些措施将有助于激发志愿者的积极性和创造力，推动公共图书馆在乡村文化建设中发挥更大作用。

第五节 加强文化遗产保护

一、制定保护规划

在推动乡村文化建设的进程中，公共图书馆扮演着举足轻重的角色。为了更有效地发挥这一角色的作用，制定科学合理的保护规划至关重要。以下从四个方面详细阐述如何制定保护规划：

（一）明确目标与定位

制定保护规划的首要任务是明确目标与定位。公共图书馆作为乡村文化建设的重要阵地，其目标应定位于满足乡村居民的文化需求，促进乡村文化的传承与创新。在此基础上，公共图书馆结合乡村实际情况，制定具体的目标，如提升乡村居民的阅读水平、推广乡村特色文化等。同时，明确公共图书馆在乡村文化建设中的定位，既要作为文化资源的提供者，又要作为文化活动的组织者，还要作为文化创新的推动者。

（二）调研与评估

在制定保护规划之前，进行深入的调研与评估是必不可少的。公共图书馆通过对乡村文化的现状、特点、问题等进行全面了解，为制定科学合理的保护规划提供有力支撑。调研内容可以包括乡村居民的文化需求、阅读习惯、文化设施使用情况等；评估方面可以关注乡村文化的传承状况、创新能力、发展潜力等。通过调研与评估，公共图书馆可以更加精准地把握乡村文化建设的方向和重点，为制定保护规划提供科学依据。

（三）制定具体规划

在明确目标与定位、完成调研与评估的基础上，制定具体的保护规划。规划内容应包括以下几个方面：一是文化资源保护，包括乡村文化遗产的收集、整理、保存和展示等；二是文化设施建设，包括公共图书馆、文化活动中心等基础设施的建设与改造；三是文化活动开展，包括阅读推广、文化讲座、艺术展览等多样化活动的组织与实施；四是文化人才培养，包括乡村文化工作者的培训、志愿者的招募与管理等。通过制定具体规划，公共图书馆可以系统地推进乡村文化建设工作，确保各项任务得到有效落实。

（四）实施与监督

保护规划的实施与监督是确保规划落地生根的关键环节。公共图书馆应建立健全实施机制，明确责任分工，确保各项任务按时按质完成；同时，加强监督与考核，对规划实施情况进行定期检查和评估，及时发现问题并进行整改；建立反馈机制，听取乡村居民的意见和建议，不断优化规划内容和实施方式。通过实施与监督，公共图书馆可以确保保护规划的有效执行，推动乡村文化建设取得实效。

制定保护规划是公共图书馆助力乡村文化建设的重要路径与策略。通过明确目标与定位、深入调研与评估、制定具体规划以及加强实施与监督等步骤，公共图书馆可以系统地推进乡村文化建设工作，为乡村文化的繁荣发展贡献力量。

二、加强日常维护与修缮

在乡村文化建设中，公共图书馆作为文化传承与发扬的重要载体，其日常维护与修缮工作显得尤为重要。这不仅关系到公共图书馆本身的正常运营与使用寿命，更直接影响到乡村居民文化生活的质量与水平。以下从六个方面详细阐述如何加强公共图书馆的日常维护与修缮：

（一）完善维护制度，确保工作规范

制定并完善公共图书馆的维护制度，是保障维护工作规范有序进行的基础。制度应明确维护工作的内容、频率、标准等，确保公共图书馆内外环境整洁、设施完好。同时，公共图书馆应建立维护档案，记录每次维护的时间、内容、效果等，以便于管理和监督。

（二）定期检查设施，及时维修更换

公共图书馆设施的正常运行是保障乡村居民阅读体验的关键。因此，公共图书馆应定期对书架、桌椅、照明、空调等设施进行检查，发现损坏或老化的问题及时维修或更换。同时，公共图书馆对于电子阅览室等现代化设施，应定期更新软件、维护硬件，确保其正常运行。

（三）加强安全管理，保障读者安全

公共图书馆作为公共场所，安全管理至关重要。公共图书馆应定期检查消防设施、安全出口等，确保其符合安全规定。同时，公共图书馆应加强防盗、防损工作，防止图书丢失或损坏。此外，公共图书馆还应加强读者的安全教育，提高他们的安全意识。

（四）注重环境维护，营造良好氛围

公共图书馆的环境质量直接影响到读者的阅读体验。因此，公共图书馆应注重内外环境维护，保持清洁、整洁、美观。公共图书馆应定期打扫内部，清除灰尘和垃圾；及时修剪周围的绿植，保持绿化美观。同时，公共图书馆还可以通过摆放花卉、装饰画等，营造温馨、舒适的阅读环境。

（五）提升维护水平，引入专业人才

加强日常维护与修缮工作，需要专业的技术和人才支持。因此，公共图书馆应提升维护水平，引入具有相关专业知识和技能的维护人员。这些人员应熟悉公共图书馆的设施结构和维护方法，能够独立完成维护工作。同时，公共图书馆还应加强对维护人员的培训和教育，提高他们的专业素养和综合能力。

（六）建立维护基金，保障资金来源

日常维护与修缮工作需要一定的资金支持。因此，公共图书馆应建立专门的维护基金，用于保障其日常维护和修缮工作。基金来源可以通过政府拨款、社会捐赠、企业赞助等多种渠道筹集。同时，公共图书馆应建立科学的基金管理制度，确保资金使用的透明度和有效性。

综上所述，加强公共图书馆的日常维护与修缮工作，是助力乡村文化建设的重要途径和策略。通过完善维护制度、定期检查设施、加强安全管理、注重环境维护、提升维护水平以及建立维护基金等措施，可以确保公共图书馆的正常运营和使用寿命，为乡村居民提供更好的文化服务。

三、开展保护宣传教育

在乡村文化建设中，开展保护宣传教育是一项至关重要的任务。公共图书馆作为乡村文化的重要阵地，应积极承担起这一职责。通过多种途径和形式，向乡村居民普及文化保护知识，提高他们的文化保护意识。以下从三个方面详细阐述公共图书馆如何开展保护宣传教育：

（一）举办文化保护主题活动

公共图书馆可以通过举办文化保护主题活动，吸引乡村居民积极参与，从而增强他们的文化保护意识。例如，可以组织以"乡村文化遗产保护"为主题的讲座、展览、征文比赛等活动，邀请专家学者、文化工作者和乡村居民共同探讨乡村文化的价值和意义，分享文化保护的经验和做法。这些活动不仅可以让乡村居民更加深入地了解乡村文化的内涵和特点，还可以激发他们的文化自豪感和责任感，使他们更加积极地参与到文化保护工作中来。

（二）利用媒体和网络平台进行宣传

公共图书馆可以充分利用媒体和网络平台，广泛宣传文化保护的重要性和紧迫性。公共图书馆可以通过制作宣传海报、发布微信公众号文章、开设专题网页等方式，向乡村居民普及文化保护的基本知识和方法；同时，可以建立乡村文化保护交流群，邀请乡村居民加入，分享文化保护的信息和经验，形成文化保护的浓厚氛围。这些宣传措施可以有效地扩大文化保护的影响力，提高乡村居民的文化保护意识。

（三）将文化保护融入日常服务

公共图书馆可以将文化保护融入日常服务中，使乡村居民在享受文化服务的同时，潜移默化地接受文化保护教育。例如，公共图书馆的借阅服务，可以设置专门的乡村文化书籍区域，推荐有关乡村文化保护的书籍和资料；公共图书馆的读者活动，可以加入文化保护的元素，如组织乡村文化主题的读书会、观影活动等。此外，公共图书馆还可以与乡村学校合作，开展文化保护课程和活动，培养青少年的文化保护意识和能力。

通过以上三个方面的努力，公共图书馆可以有效地开展保护宣传教育工作，提高乡村居民的文化保护意识。这不仅能够促进乡村文化的传承和发展，还能够增强乡村居民的文化自信和文化自觉，推动乡村文化建设的深入发展。同时，这也是公共图书馆助力乡村文化建设的重要路径和策略之一。公共图书馆通过普及文化保护知识、提高乡村居民的文化素养，为乡村文化的繁荣发展贡献力量。

四、加强监管与执法

在乡村文化建设中，加强监管与执法是保障文化安全、维护文化秩序的重要手段。公共图书馆作为乡村文化的重要载体和推动者，在加强监管与执法方面发挥着不可替代的作用。以下从三个方面详细阐述公共图书馆如何加强监管与执法：

（一）建立健全监管机制

公共图书馆应建立健全监管机制，确保文化活动的合规性和文化资源的安全性。首先，制定完善的监管制度，明确监管范围、监管标准和监管流程，为监管工作提供有力保障。其次，加强日常巡查和定期检查，对公共图书馆内的设施、图书资源以及文化活动进行全面监管，及时发现和处理违规行为。此外，建立投诉举报机制，鼓励乡村居民积极参与监管，对违规行为进行监督和举报。

（二）强化执法力度

在加强监管的同时，公共图书馆还应强化执法力度，对违规行为进行严肃处理。首先，配备专业的执法队伍，提高执法人员的业务水平和综合素质，确保执法工作的公正性和有效性。其次，对发现的违规行为进行及时查处，依法依规进行处理，维护文化秩序和文化安全。同时，加强与相关部门的协调配合，形成执法合力，共同打击文化领域的违法行为。

（三）提升监管与执法能力

为了更好地加强监管与执法工作，公共图书馆需要不断提升自身的监管与执法能力。首先，加强对监管与执法人员的培训和教育，提高他们的法律意识和业务素养，确保他们能够准确理解和执行相关法律法规。其次，引入先进的监管技术和手段，如智能化监控、大数据分析等，提高监管的效率和准确性。此外，加强与高校、研究机构等合作，共同研究乡村文化建设中的监管与执法问题，为实践工作提供理论支持和实践指导。

通过加强监管与执法工作，公共图书馆可以有效地维护乡村文化秩序和文化安全，为乡村文化建设提供有力保障。同时，这也是公共图书馆在助力乡村文化建设中的重要路径和策略之一。通过建立健全监管机制、强化执法力度以及提升监管与执法能力等措施，公共图书馆可以充分发挥其在乡村文化建设中的积极作用，推动乡村文化的健康发展。

加强监管与执法是公共图书馆助力乡村文化建设的重要方面。通过建立健全监管机制、强化执法力度以及提升监管与执法能力等措施的实施，公共图书馆能够在乡村文化建设中发挥更大的作用，为乡村文化的繁荣发展贡献力量。

五、建立奖励机制

在推动乡村文化建设的过程中，公共图书馆作为文化传播和知识普及的重要平台，扮演着举足轻重的角色。为了更有效地激发乡村居民参与文化建设的积极性，提升乡村文化建设的整体水平，建立奖励机制显得尤为重要。以下从五个方面详细阐述公共图书馆如何建立奖励机制：

（一）明确奖励目标，制定奖励标准

建立奖励机制的首要任务是明确奖励目标，即奖励哪些行为或成果，以及

奖励的目的和意义。同时，根据乡村文化建设的实际情况，制定具体的奖励标准，确保奖励的公正性和合理性。奖励标准可以包括参与文化活动的次数、文化活动的创新性、对乡村文化建设的贡献度等多个方面。

（二）设立多样化的奖励项目

为了满足不同乡村居民的需求和兴趣，公共图书馆应设立多样化的奖励项目。这些项目可以包括文化创作奖、阅读推广奖、文化传承奖等，以鼓励乡村居民在各个方面积极参与文化建设。同时，奖励项目应具有一定的灵活性和创新性，能够根据乡村文化建设的实际需求进行调整和优化。

（三）公开透明，确保奖励的公正性

奖励机制的公正性是确保其有效运行的关键。因此，公共图书馆应确保奖励机制的公开透明，让乡村居民了解奖励的标准、过程和结果。同时，建立监督机制，对奖励过程进行监督和检查，防止出现不公正的情况。此外，还可以通过村民大会等形式，让乡村居民对奖励机制进行评议和建议，不断完善和优化奖励机制。

（四）强化奖励的宣传与推广

为了让更多的乡村居民了解并参与到奖励机制中来，公共图书馆应加大奖励的宣传与推广力度。公共图书馆可以通过悬挂横幅、发放宣传单、利用社交媒体等多种渠道进行宣传，让乡村居民了解奖励的内容、标准和意义。同时，公共图书馆内可以在馆内设置奖励展示区，展示获奖作品和成果，激发乡村居民的参与热情。

（五）注重奖励的激励作用

奖励机制的核心在于其激励作用。因此，公共图书馆应注重奖励对乡村居民的激励效果。对于获奖者，除了给予物质奖励外，还可以通过举办颁奖典礼、邀请专家学者进行点评等方式，提升获奖者的荣誉感和归属感。同时，对于未获奖者，也应给予一定的鼓励和支持，帮助他们认识不足、提升能力，争取在未来的文化建设中取得更好的成绩。

第四章 公共图书馆与乡村文旅融合发展

第一节 公共图书馆乡村文旅融合服务取得的成就

一、保证公益性，构建以公共图书馆为中心的商业生态链

公共图书馆属于公共资源，其公益性主要体现在公共图书馆倡导每个人都有平等受教育的机会，社会有义务确保每个人都能有机会得到平等的阅读资源。公共图书馆的存在为实现这个目标提供了重要的理论意义和现实意义。被称为"有史以来最温暖的图书馆"的杭州图书馆一直践行公共图书馆的公益性特征，不分男女老幼、不分工作性质，免费向社会人群开放，一直是杭州图书馆秉持的原则。也正是因为这一举措，杭州图书馆被世人所认可，成为一家名副其实的网红图书馆。从此以后，各个地方的图书馆都开始向杭州图书馆学习，纷纷出台相关政策。这从根本上体现了公共图书馆公益性理念的标准和要求，为实现社会主义现代化的目标打下了坚实基础。此外，公共图书馆还承担着形成社会全民阅读风尚、引导全民阅读氛围的重要责任，所有的一切都体现着公共图书馆的公益性理念。公共图书馆的角落可以设置咖啡区和就餐区，这样能保证到公共图书馆阅读的学习人员可以一边喝咖啡一边读书，或者一边吃简餐一边读书。公共图书馆还可以扩大经营范围，比如可以卖一些纪念品、书签或

者明信片等，围绕公共图书馆的建设进行商业生态链的打造。

二、保证基本服务，呈现公共图书馆所具有的文化魅力

社会群体对传统的公共图书馆的印象大多是书籍陈旧、资源稀少。但是随着公共图书馆的不断发展，实际情况却是公共图书馆每年都有大量的书更新，学习资源丰富、种类繁多、覆盖面全，比传统的商业书店所提供的阅读服务更多。现在的年轻人都喜欢去商业书店买书或者寻找学习资源，不愿意去公共图书馆。其中最主要的原因就是书店比较现代化，往往更符合现在年轻人的观念。尤其是现在出现了一些网红书店，这本身就比传统的公共图书馆更加吸引年轻人。目前各个地方的公共图书馆已经意识到年轻群体的庞大，开始积极地对公共图书馆的内部设置和形象进行改造，在保证公共图书馆基本功能的前提下，打造能够吸引年轻人的阅读空间，不断提高阅读者的舒适度。同时，为了给年轻人留下更好的印象，很多公共图书馆都推出了特色服务。

三、保证地方旅游业发展，使公共图书馆融入地方特色文化

一些地区的公共图书馆加快了地方文献的整合，特别是通过特色的设置和准备来促进地方旅游业的不断发展。云南腾冲和顺图书馆始建于19世纪20年代，有很多现存极少的名人字画藏于馆内。这间图书馆虽然位于乡下，但是有很多游客慕名而来，图书馆已经成为小有名气的网红打卡地点和著名文化景点。该图书馆外形采用中西合璧的建筑手法，由于历史久远，拥有一种沧桑的历史感。游客们到来以后，纷纷表示能在这个图书馆里感受到当地的特殊文化。

游客在这里不仅能够观光游览，还能在图书馆里开展阅读活动。当地的群众也积极向游客展示当地的文化，宣传当地的特色和风俗，这给许多慕名而来的游客留下了深刻的印象。因为这间图书馆提供了非常优质的阅读服务，所以吸引了更多的人前来旅游，进一步促进了当地旅游业的发展。

第二节 我国公共图书馆乡村文旅融合服务发展策略

一、公共图书馆深度联合数字技术，创新技术融合

（一）公共图书馆打造成智慧学习环境

随着科技的不断发展，我国的科技水平飞速进步，数字技术得到了跨越式的发展，其中包含大数据技术、人工智能技术、虚拟现实技术、增强现实技术等。很多人都听说过这些含有科技感的名词，但是也仅仅停留在听说和了解层面，很少有人使用过这些技术。当这些技术与公共图书馆的建设进行联合，就会促进公共图书馆有更多新的发展。在以前，公共图书馆主要的职能就是储存书籍，是学习者的聚集地，人人都可以来到公共图书馆学习知识。但是随着科技与公共图书馆的合并，赋予科技意义之后，公共图书馆就成了含有高科技的地方。文化与先进科技相结合能够起到更加吸引人的效果。在我国 2019 年的图书馆年会上，来自全国不同地市的图书馆馆长以及图书馆管理人员共同分享了数字技术在图书馆使用方面的看法，其中有学者提到可以将 5G 技术应用到图书馆使用当中，比如超清直播、智慧书房、精准推送等。我们有理由相信，基于数字科技的图书馆应用，通过现代科技能够更好地实现线上线下深度融合，将传统的纸质阅读转化为线上阅读，从而不断地促进阅读环境的改变

和发展。

（二）创新技术融合，让公共图书馆文化结合尖端技术

随着科技的不断发展，数字技术对传统文化传播的路径产生了深远的影响。基于数字技术的深刻变革，数字技术从各个方面都在潜移默化地改变着传统文化的发展。全民调查结果显示，社会群体普遍愿意通过电子方式进行阅读。很多人反映通过数字技术进行阅读，能够节省大量时间，提升阅读便利性。网络技术也能够在第一时间将正在发生的新闻传送到家家户户，公共图书馆已经不再像以前那样，是传统的学习的最大传播点。虽然公共图书馆在不断地提升自己的服务水平，而且提供的服务是免费的。但是人们普遍愿意使用更加便利性的阅读方式来提升自己，比如说在家里通过看手机或者看电脑来了解新闻。面对这样的情况，公共图书馆必须正视现实，不断寻求将数字技术与公共图书馆进行结合创新，不断促进公共图书馆的信息化和智能化。先进的数字技术能够让公共图书馆从单一的阅读场景变成多项技术使用场景，不断增加社会对公共图书馆的认识度，也能不断地丰富公共图书馆的吸引力。只有这样，社会群体和社会民众才能更愿意放下手机加入公共图书馆阅读的行列当中。

二、公共图书馆应积极推广宣传乡村文旅融合服务

（一）重视社会形象，强调公共图书馆提供公共文化服务

公共图书馆要想进一步地扩大自己的影响，加强对外宣传是非常重要的一点。当今社会，人们的阅读方式受到了互联网的深刻影响，互联网提供的快速获取知识的途径给大众留下了深刻的印象。人们普遍认为，网上什么东西都可以看到。但是人们在使用网络的过程当中，有时候也会发现网络上很多的内容不是免费的，而是需要付费的。众所周知，公共文化服务的根本就是免费服务于大众。政府有能力也有责任不断促进社会成员文化的发展，公共图书馆更应

该向社会群体提供免费的文化阅读环境和文化服务产品。现实情况是公共图书馆确实是在免费地向大众传播文化，但是传播文化的力度不够。公共图书馆应加强对外宣传，更进一步地提升自己的社会形象，承担更多的社会责任，只有这样才能更好地向大众提供文化服务。

公共图书馆应不断进行正面的、积极的、向上的宣传，这能够极大地提高公共图书馆在民众心中的形象。公共图书馆要基于提供免费文化服务的基础，向大家传播走进公共图书馆学习的好处。只有公共图书馆有了更多的学习者，才能够更好地将公共图书馆的优点宣传出去。

（二）公共图书馆加强宣传推广乡村文旅融合服务

各个地方的公共图书馆，在基于自身实际的前提下，要想实施不同的乡村文旅融合服务，就要不断创新探索更多新的服务形式。这些形式会造就不同的服务模式，该模式可能适合当地发展，但是放到全国范围内可能会缺少知名度。因此各个地市的公共图书馆应该立足自身发展，不断加强自身的宣传，积极主动地将文化加入当地的旅游产业当中，向前来旅游的游客提供新式旅游体验。目前，从各个地市的公共图书馆的文化融合情况来看，比较成功的就是天津滨海图书馆。它立足自身，结合当地的旅游特色，散发出了非常强烈的美学气息，不断吸引游客前去参观游览。天津滨海新区图书馆独特的造型，也吸引了不少游客，这些都是在足够宣传的前提下实现的。

三、公共图书馆吸引民众参与活动，引导市场融合

（一）派发奖励的方式吸引民众参与活动

利用互联网软件吸引游客的一个重要方法是在活动期间派发奖励，例如：网易图书根据阅读时间给予读者积分奖励，这些积分可以用来购买电子书。公共图书馆应积极与读者和活动参与者建立社区互动。读者和参与者都有相同的

兴趣和爱好，公共图书馆建立社区可以使有共同兴趣的人能够产生相互认同感。公共图书馆馆员积极与社区中的人们交流，询问他们对公共图书馆的活动意见，或者倾听人们希望参与的活动的要求。通过沟通和引导，增强人们对公共图书馆活动的认可度，激发人们的积极性。

（二）公共图书馆积极以文旅市场融合为导向

产业整合理论是指技术、产品和业务的整合，进而形成市场整合。

市场融合的标志是提供差异化的产品以获取市场需求，而产品和技术的融合，更多的是新的市场需求。目前，地方的公共图书馆推出的文化旅游一体化服务还处于产品整合阶段。在文化产业与旅游产业的融合中，最突出的表现是地方博物馆，博物馆实现了文化与旅游市场的融合。公共图书馆可以借鉴博物馆整合文化和旅游市场的经验，借鉴博物馆吸引游客的方式，如提供独特的公共文化服务，开展内涵深厚的公共文化活动等。

四、公共图书馆打造文化旅游 IP，突破产品融合

（一）文化旅游 IP 带来全新的旅游体验和文化消费体验

在近 30 年的文化和旅游业的突破式发展过程当中，文化业和旅游业都处在上升阶段。传统的文化和旅游业以观光和旅游为主，主要方式就是到某个地方去参观游览，在游览地点留下照片就是所谓的旅游，人们早已经熟悉且厌倦了这样的旅游方式。随着游客的个性不断发展，游客对旅游的体验也提出了更高的要求。游客已经不再推崇传统的走马观花式的旅游，更强调的是情感的共鸣。近年来，一个普遍的现象就是游客不再满足于对风景的喜爱，而是热衷于挖掘该景点背后的故事，例如旅游地点过去发生过什么，历史上有什么值得铭记的地方。基于这样的大背景下，文化旅游 IP 就显得更加重要。比如迪士尼公司每年都会出不同的动画电影，通过对动画片主角形象的刻画，来不断扩大

迪士尼乐园的影响力和认知度。在每个人的心中，再有吸引力的电影和游戏都比不上实体迪士尼乐园所带来的情感体验，人们愿意为了到迪士尼乐园去玩而放下手机。因此文化旅游 IP 能够结合自身特色产生更多的衍生品，为文化消费者和旅游者带来全新的体验。

（二）公共图书馆要积极打造文化旅游 IP，突破产品融合

当前，在我国旅游景区的发展过程当中很少会持续地对 IP 进行打造。缺少旅游 IP 就会降低旅游景区的吸引力，互联网的发展使得传统的商业模式很难再有新的突破。公共图书馆要不断地顺应时代发展的潮流，积极打造文化旅游 IP，不断推进旅游服务，将旅游业和旅游服务结合起来，不断突破新的服务理念。公共图书馆在打造文化旅游 IP 时，要有特色性、故事性和当地的文化属性，不断地突破产品的融合。文化旅游 IP 要有以下几个关键要素：创新、营销、粉丝互动、自媒体和产出品。公共图书馆要不断地通过创新方式促进营销的发展，从而创造出更高的市场认可度。公共图书馆要努力在宣传推广上拥有更多的话语权，占据更重要的位置。只有拥有更多的话语权，才能更好地向外宣传，才能让更多的民众认识和了解到公共图书馆的魅力所在，才能真正做到服务于全民阅读。

第三节 对公共图书馆文旅深度融合的思考

文化旅游业蓬勃发展，而文化与旅游、文学的结合更加紧密。在文化与旅游齐头并进的今天，发展文化旅游已成为旅游业可持续发展的一大趋势。推动公共图书馆将文学纳入主流，是近年来主管部门提出的思路之一，即以旅游为专业，促进文学文化的传播。笔者对公共图书馆文旅深度融合提出以下几点思考：

一、公共图书馆文旅深度融合需拓宽思路、转变观念

（一）树立文旅深度融合的新思维、新理念

公共图书馆的文献整合对我国文化旅游业的发展具有指导意义。当前，文化与旅游相关部门需要融入深度融合的理念，探索文化与旅游的规律和逻辑，为文化和旅游的深度融合做出贡献，促进旅游业新的发展。文化与旅游业的融合是旅游业发展动力的关键因素。文化产业的扩张有利于满足新时期对文化艺术的需求。公共图书馆应树立新的、整合良好的理念为完善整个区域做出贡献。

（二）建立文旅深度融合新机制

文化与旅游的深度融合目前并不完善，管理和控制体系还不健全。为了更好地促进两者之间的系统发展，政府要积极出台政策，科学推动两者的深度融合。以国家的相关法规为基础，结合地方特色，探索出具有地方特色的服务方式，切实将文化和旅游结合落实到实际发展过程当中。

（三）积极探索文旅深度融合的新模式、新道路

公共图书馆作为文旅深度融合发展的重要一环，其所承担的任务已经不仅仅是阅读功能的场所。公共图书馆的职能和服务范围越来越广泛，覆盖的文化范畴更加宽广。随着社会主义现代化建设的不断进行，人们的衣食住行都离不开文化的影响。公共图书馆作为传播文化的主要载体，更应该积极发挥引领作用，积极以乡村文旅融合为背景，探索着一条符合发展的新思路，不断为群众提供更好的服务。

二、公共图书馆顺应文旅深度融合发展的举措

（一）公共图书馆进驻景区

鉴于人类物质生活条件的日益改善，目前精神文化水平的上升是不够的。旅游业也面临着新的挑战，因为它不仅注重旅游项目所能提供的特殊体验，而且注重其特有文化符号。旅游区公共图书馆的存在，有助于实现乡村文旅融合的理念和要求，促进乡村文旅融合的建设和发展。旅游区公共图书馆不仅要完善基础设施，还要融入当地文化特色，更深入地融入当地文化，赋予特有的内涵，同时营造具有精神认同的地方文化景观。公共图书馆有助于保存和传播世界各地的文学和文化，展现出这些地区最具吸引力和最具体的地方特征，引导游客充分体验当地文化。风景区设立公共图书馆，通过展示当地文化和公共图书馆提供的服务，赋予了该地区人性化的内涵，在很大程度上为打造成功的环境创造了空间。

（二）构建公共图书馆研学旅游品牌

旅游教学是一种集学习、研究、实验、交流于一体的新型教育模式。它是在我们现代教育模式的框架内，与旅游业紧密相连的一种创新教育形式。在文化与旅游日益相互依存的背景下，研究旅游为可持续发展提供了新的动力。如

今，公共图书馆不仅为读者提供丰富的阅读服务，还通过定期组织读者参加文化活动或在户外组织节日夏令营等方式，为读者提供获取文化知识的机会。公共图书馆可以根据自身特点，与旅游、景观等领域合作，开展多种形式的阅览活动，扩大读者群。

（三）利用新方法和新技术发掘地域文化

公共图书馆可以利用新的方法和技术开发自己的地理资源，建设地方文化瑰宝。一方面，公共图书馆应利用当地特有的知识，对具有身份标志、复原遗址等的阅览室进行综合规划和建设，使当地的物质文化遗产和非物质文化遗产以新的方式呈现出来；另一方面，相关责任人应推动文学课程融入公共图书馆，利用数字技术促进文化旅游和旅游业的创新，促进对地理文化的挖掘和整个文化部门的快速发展。

公共图书馆要推行知识群体融合的新范式，以创新的数字技术为文学深度融合的重要突破口，以"互联网+"模式推动文化、旅游、数字技术的融合。公共图书馆需要注重探索和分析地方文化要素，注重创新工作方法，通过将文学与数字技术联系起来，为人们提供多样化的文化体验。

公共图书馆必须能够开发优秀的传统文化和优质的旅游资源，紧跟时代潮流，发掘最佳的文化和旅游资源。将文化融入旅游，丰富当地景点的精神内涵，增强民族文化的特质。公共图书馆作为一种文化传播方式，必须加快转型、发展，积极树立权威、服务、发展的理念。文化旅游的发展对资源发展的意义重大。文化与旅游深度融合，能够使人们对美好生活的多样化需求日益得到满足，增加了社会经济和文化价值。

第五章 公共图书馆助力乡村文化创意产业发展

第一节 文化创意产业对乡村形象的建构与影响

一、文化创意产业在乡村经济中的角色

随着城市化进程的不断推进，乡村经济面临着诸多挑战，但同时也蕴藏着丰富的文化资源。文化创意产业作为一种新型的经济增长点，逐渐在乡村中崭露头角，为乡村经济的发展注入新的动力。本章深入探讨了文化创意产业在乡村经济中的角色，包括对产业结构的影响、农民收入的提升、乡村文化的传承与创新等方面，旨在揭示文化创意如何成为乡村振兴的重要推手。

（一）文化创意产业对产业结构的影响

1.产业结构多元化

传统上，乡村经济以农业为主导，产业结构相对单一。随着文化创意产业的引入，乡村的产业结构得到了多元化发展。文化创意产业不仅促使传统农业得到提升，同时还推动了文化、旅游、手工艺等多个领域的发展，使得乡村产业更加丰富多彩。

2.提升农村特色产业

文化创意产业有助于挖掘和提升农村的特色产业。通过深度挖掘当地的历史、民俗文化等资源，将其融入文化创意产品中，形成独具特色的乡村产业。

这不仅有利于提升产品附加值，还能够吸引更多消费者，推动农村特色产业的发展。

3.带动相关服务业发展

文化创意产业的兴起带动了相关服务业的发展。文化创意园区、文创产业园等的建设，促使乡村相关服务业的兴起，如设计、策划、营销等服务。这为乡村经济提供了新的增长点，推动了产业链的延伸。

（二）文化创意产业对农民收入的提升

1.提高农产品附加值

文化创意产业与农产品的深度融合，可以提高农产品的附加值。通过设计独特的包装、推出有文化内涵的农产品，使其不仅仅是生活必需品，更成为具有艺术性和收藏价值的产品，从而提升农民的收入水平。

2.发展乡村旅游业

文化创意产业对乡村旅游业的推动也为农民创造了更多的收入机会。开发具有本地文化特色的旅游产品、举办文化活动等方式，吸引游客前来参观，使乡村成为旅游目的地，为农民提供了与旅游有关的服务和产品销售的机会。

3.扶持乡村手工艺

文化创意产业的兴起有助于扶持乡村手工艺，并为农民提供从事手工艺的机会。通过将传统手工艺与现代设计相结合，创造出具有市场竞争力的文创产品，不仅传承了乡村手工艺的精髓，还为农民提供了增加收入的途径。

（三）文化创意产业对乡村文化的传承与创新

1.本土文化的挖掘与传播

文化创意产业为本土文化的挖掘和传播提供了平台。通过挖掘当地的历史、传统故事、民俗风情等元素，将这些元素融入文化创意产品中，乡村文化得以传承和弘扬。同时，通过文化产品的推广，更多人了解和关注了乡村文化。

2.创新传统文化元素

文化创意产业注重创新，通过将传统文化元素与现代设计相结合，创造出富有创意的产品。这不仅有助于激发传统文化的活力，还使得传统文化更符合当代人的审美和需求，为乡村文化注入新的时代内涵。

3.丰富文化活动

文化创意产业的发展带动了乡村文化活动的丰富多彩。举办文艺演出、手工艺展览、传统节庆等活动，使乡村成为文化交流的平台，促进居民参与，拉近了村民与文化的距离。同时也吸引了外部游客，推动了乡村旅游的发展。

（四）文化创意产业在乡村经济中的挑战与应对

1.保护本土文化的平衡

推动文化创意产业的发展，需要平衡保护本土文化和创新的关系。一方面，要保持对乡村传统文化的尊重和保护，避免因创意产业发展而丧失本土文化的独特性。另一方面，也要鼓励创新，使文化创意产业更好地适应当代社会的需求，推动乡村文化的更新与发展。

2.培养创意人才

文化创意产业的发展离不开具有创意思维的人才。乡村推动文化创意产业，需要重视培养乡村中的创意人才，包括设计师、艺术家、文化策划人等。建立相关的培训机制，吸引和培养乡村青年参与文化创意产业，推动产业的可持续发展。

3.解决基础设施问题

文化创意产业的发展需要良好的基础设施支持。乡村地区可能存在基础设施滞后的问题，包括交通、网络、展览场地等。解决这些问题，提升乡村的基础设施水平，将为文化创意产业提供更好的发展环境。

4.市场开拓与营销

乡村文化创意产业面临市场开拓的挑战。乡村文化创意产业可以通过积极的营销策略，将乡村文化创意产品推向市场；还可以借助互联网和电商平台，拓展产品销售渠道，提高产品的知名度和影响力。

（五）文化创意产业的未来发展与展望

1.强化数字化转型

未来，乡村文化创意产业可以加强数字化转型，利用现代技术手段推动文化创意的发展。建立数字化档案库、推动虚拟展览、发展在线文化体验等，将文化创意产业与数字技术有机结合，提升产业的创新力和竞争力。

2.加强产业联动

乡村文化创意产业的发展需要形成产业联动机制，促使各个环节协同发展。可以通过建立文化创意产业联盟、推动产业园区建设等方式，促进不同领域的文化创意产业协同发展，形成完整的产业链。

3.引入国际合作

开展国际合作是推动乡村文化创意产业发展的重要手段。可以通过引入国际先进的文化创意理念、合作开展跨国文化创意项目等方式，拓展乡村文化创意的国际市场，提升产业的国际竞争力。

4.注重文化教育

在未来的发展中，注重文化创意教育将成为关键。通过在乡村开设文化创意相关的培训课程、举办创意比赛等方式，培养更多的文化创意人才，推动乡村文化创意产业的可持续发展。

文化创意产业在乡村经济中发挥着多方面的作用，包括促进产业结构升级、提升农民收入、传承创新乡村文化等。面对挑战，文化创意产业需要平衡保护传统文化与创新发展的关系，培养创意人才，解决基础设施问题，开拓市场，加强产业联动，引入国际合作。未来，强化数字化转型、加强产业联动、引入国际合作以及注重文化创意教育将是乡村文化创意产业可持续发展的关键。通过这些努力，文化创意产业将更好地助力乡村振兴，实现经济、社会和文化的全面发展。

二、乡村创意产品与乡土文化的融合

乡村创意产品与乡土文化的融合是当前乡村振兴战略中一个备受关注的议题。随着社会发展和人们生活水平的提高，乡村创意产品不仅是日常生活的一部分，更是传承和表达乡土文化的媒介。

（一）乡村创意产品的概念与特点

1.乡村创意产品的概念

乡村创意产品是指在乡村地区产生、制造，以创意设计为特色，融合乡土文化元素，满足市场需求的产品。这些产品通常包括手工艺品、特色美食、文化衍生品等，具有独特性和地域特色。

2.乡村创意产品的特点

（1）地域特色鲜明。乡村创意产品注重体现当地的地域文化，具有鲜明的地域特色，能够通过产品传递乡土文化的独特魅力。

（2）手工制作与创新设计。乡村创意产品通常融入了手工制作的元素，同时注重创新设计，使得传统工艺与现代设计相结合，呈现出新颖的外观和优良的品质。

（3）文化传承与创新发展。乡村创意产品在传承传统文化的基础上进行创新发展，使得传统文化能够在当代社会中焕发新的生命力。

（二）乡土文化的内涵与特色

1.乡土文化的内涵

乡土文化是指在乡村地区形成和发展的文化，包括风土人情、习俗礼仪、传统工艺、方言民歌等丰富多彩的文化元素。乡土文化是乡村社会长期发展的结果，承载着当地人民的生活智慧和文化积淀。

2.乡土文化的特色

（1）自然与人文融合。乡土文化常常体现自然与人文的融合，反映出当地人民对自然环境的感悟和对生活的独特理解。

（2）传统工艺传承。乡土文化中包含丰富的传统工艺，这些工艺是乡村人民长期实践的结果，体现了乡村人民的智慧和技艺。

（3）习俗与传统节庆。乡土文化中的习俗和传统节庆是人们生活的一部分，通过这些活动传递着代代相传的文化信息，具有浓厚的历史感。

（三）乡村创意产品与乡土文化的融合方式

1.提取乡土元素进行设计

乡村创意产品可以通过提取乡土文化的元素，如传统图案、民间故事、乡土建筑等，进行设计。这样的设计能够在产品中展现乡村独有的文化特色，激发消费者对传统文化的兴趣。

2.结合当地传统工艺制作

乡土文化中的传统工艺是乡村创意产品中重要的融合元素。结合当地传统工艺，使产品既具有独特的手工艺美感，又能够传承和弘扬乡村的传统工艺。

3.制作具有地方特色的文化衍生品

乡村创意产品可以制作各种具有地方特色的文化衍生品，如以当地民俗为主题的手办、以乡村建筑为灵感的文具等。这样的产品既能吸引年轻人的兴趣，同时又能为传统文化注入新的时尚元素。

4.通过故事性设计传递文化信息

乡村创意产品的设计可以融入故事性的元素，通过产品背后的故事传递乡土文化的信息。这种方式不仅能够提升产品的附加值，还能够让消费者更深入地了解当地的乡土文化。

（四）乡村创意产品与乡土文化的积极作用

1.促进乡村振兴

乡村创意产品的开发和销售能够促进当地产业的振兴。乡村创意产品通过融合乡土文化元素，产品会更具特色，能够吸引更多游客和消费者，为乡村带来新的经济活力。

2.传承和保护乡土文化

在乡村创意产品的制作过程中，传承和保护乡土文化是一个重要的方面。通过将传统工艺、民间故事等融入产品中，不仅传承了乡村的文化传统，还为这些传统注入了新的生命力。这有助于防止乡土文化因时代变迁而逐渐失传，保持乡村文化的鲜活性和持久性。

3.增强当地居民文化认同感

乡村创意产品的设计常常借鉴当地的传统元素，使得居民能够在产品中看到自己文化的投影，增强对本土文化的认同感。这种认同感有助于激发当地居民对乡土文化的热爱和自豪感，形成文化共鸣，促进社区的凝聚力和归属感。

4.吸引游客提升乡村旅游体验

乡村创意产品作为具有地方特色的文化衍生品，往往能够吸引游客的眼球。这些产品不仅能成为游客留念的纪念品，同时也能为游客提供更加丰富、深入的乡村旅游体验。通过创意产品，游客能够更好地了解乡土文化，感受乡村的独特魅力。

5.推动乡村品牌建设

乡村创意产品作为一种有形的文化输出，对于乡村品牌建设具有积极作用。通过打造具有地方特色的创意产品，乡村能够树立独特的品牌形象，吸引更多消费者和投资，推动乡村品牌的建设和发展。

（五）乡村创意产品与乡土文化融合的挑战与应对策略

1.挑战：文化元素的过度商业化

乡村创意产品在开发过程中有时会面临文化元素被过度商业化的问题。一些产品可能过于注重市场需求，忽略了文化传承的初衷，导致产品失去了乡土文化的纯粹性。

应对策略：制定合理的文化保护政策，规范创意产品的设计和制作，避免文化元素被过度商业化。同时，加强对生产者的文化教育，使其更加深刻地理解和尊重乡土文化。

2.挑战：创意产业基础设施不足

在一些乡村地区，创意产业的基础设施相对薄弱，包括设计师队伍不足、生产工艺水平有限等问题，制约了乡村创意产品的质量和水平。

应对策略：加强对乡村创意产业基础设施的建设和支持，包括培训更多的设计师和工匠，提高其设计和制作水平，推动创意产业的发展。

3.挑战：市场竞争激烈

随着乡村创意产品的兴起，市场竞争逐渐激烈。一些乡村可能面临产品同质化、价格战等问题，影响了产品的附加值和市场地位。

应对策略：加强品牌建设，注重产品的独特性和品质。通过提升产品附加值、塑造独特品牌形象等方式，产品可以在激烈的市场竞争中脱颖而出。

4.挑战：文化创意人才匮乏

在一些乡村地区，缺乏专业的文化创意人才，制约了乡村创意产品的设计水平和创新能力。

应对策略：加强对文化创意人才的培养和引进，通过设立专业的培训机构、提供奖学金等方式，吸引更多的人才投入乡村创意产业中。

乡村创意产品与乡土文化的融合不仅是传统文化的传承和创新，更是乡村振兴战略中的一项重要举措。通过设计和制作具有地方特色的创意产品，可以促进乡村经济的发展，保护和传承乡土文化，提升居民的文化认同感。然而，面临的挑战也不可忽视，需要政府、企业和社会各方共同努力，建立合理的政策支持体系，提升创意产业基础设施，培养更多的文化创意人才，以推动乡村创意产品与乡土文化的融合取得更大的成果。在未来的发展中，乡村创意产品的发展需要更加注重文化保护，避免过度商业化，保持产品的文化纯粹性。同时，应加强市场竞争中的品牌建设，注重产品的独特性和品质，以在激烈的市场竞争中占据优势。

为了克服基础设施不足的问题，需要在乡村建设中注重创意产业基础设施的投入，提升设计师和工匠的水平，推动创意产业的发展。文化创意人才的匮乏也需要通过培训和引进等方式解决，以提高乡村创意产品的设计水平和创新能力。

总体而言，乡村创意产品与乡土文化的融合是一项具有广泛影响力和重要意义的工作。通过平衡市场需求与文化传承，乡村创意产品不仅能够促进乡村振兴，还能够为乡土文化注入新的生命力。在充分发挥政府、企业和社会各方的作用下，乡村创意产品有望成为乡村经济发展的新引擎，为乡村带来更加繁荣和可持续的未来。

三、文化创意产业对乡村居民生活方式的影响

随着社会经济的发展和人们生活水平的提高，文化创意产业逐渐成为推动经济增长的重要引擎之一。在这一趋势下，文化创意产业也逐渐渗透到乡村地区，对乡村居民的生活方式产生了深远的影响。

（一）文化创意产业与乡村居民经济生活

1.就业机会的增加

文化创意产业的发展为乡村居民提供了更多的就业机会。传统农业生产可能无法提供足够的岗位，而文化创意产业涵盖了设计、手工艺、文创产品制作等多个领域，为乡村居民提供了新的职业选择，改善了他们的经济状况。

2.收入水平的提高

通过参与文化创意产业，乡村居民可以创造更高附加值的产品，从而提高个人和家庭的收入水平。例如，通过制作具有地方特色的手工艺品或设计独特的文创产品，乡村居民能够获得比传统农业更为可观的收入。

3.促进乡村经济多元化

文化创意产业的引入有助于促进乡村经济的多元化发展。传统上，乡村经济主要依赖于农业。但随着文化创意产业的兴起，乡村可以发展成为既有农业特色又有文化创意产业特色的地方，提升了乡村的整体经济活力。

（二）文化创意产业与乡村文化的交融

1.传统文化的传承与创新

文化创意产业在乡村的发展过程中，常常注重融合本地的传统文化元素。设计和生产具有地方特色的文创产品，有助于传承乡土文化；同时在传承中注入新的创意和活力，促使传统文化焕发新的生命力。

2.提升文化自信心

乡村居民参与或感受到文化创意产业的发展，有助于提升他们对本地文化的自信心。当他们看到自己的传统元素被成功地融入现代设计中，产生了有影响力的文创产品，会对本地文化感到骄傲，形成积极向上的文化认同。

3.增强文化交流与互动

文化创意产业往往以互动性和参与性为特点。通过文创产品、文化活动等形式，促进乡村居民之间的文化交流。这种交流不仅是在本地层面，还可能吸引外来游客和艺术家，形成跨地域的文化互动，为乡村注入新的文化氛围。

（三）社会生活的变革

1.社区活动的丰富多彩

文化创意产业的发展为乡村社区带来了更多丰富多彩的社区活动。例如，举办文创市集、艺术展览、手工艺品制作工作坊等活动，成为居民之间交流互动的平台，丰富了社区的社会生活。

2.文化创意旅游的兴起

随着文化创意产业在乡村的发展，文化创意旅游也逐渐兴起。乡村吸引游客的独特文创产品、文化活动等成为旅游的亮点，为乡村创造了新的经济增长点，同时也促使居民更加关注和热爱自己的家乡。

3.居民生活方式的多样性

文化创意产业的引入使得乡村居民的生活方式更加多样化。除了传统的农业生产，居民可能还会参与文创产品的设计制作、艺术活动的组织等，拓宽了他们的生活领域，使得其生活更加丰富多彩。

（四）挑战与应对策略

1.保护乡土文化的纯粹性

文化创意产业在发展过程中需要注意保护乡土文化的纯粹性，避免过度商业化和文化元素失真。政府、企业等各方可以制定相应的政策，规范文化创意产业的发展方向，保持文化的原汁原味。

2.建设和完善文化创意产业的基础设施

为了推动文化创意产业在乡村的发展，需要建设并完善文化创意产业的基础设施。这包括建设更加完善的设计工作室、制作工坊等场所，培养更多的专业设计师和工匠，提高创意产业的整体水平。政府可以通过资金支持、培训计划等方式来推动基础设施建设。

3.促进文化创意产业与传统产业融合

为了更好地促进乡村经济的多元化，需要推动文化创意产业与传统产业的融合发展。这可以通过支持农产品与文创产品的联合生产、农村旅游与文化创意的结合等方式来实现。政府可以鼓励企业在这方面进行探索，并提供相关支持。

4.加强文化创意人才培养

文化创意产业的发展离不开专业的文化创意人才。因此，需要加强对乡村居民的文化创意人才培养。通过设立培训项目、引入专业人才等方式，提高居民在文化创意产业中的从业水平，增强他们的竞争力。

5.促进文化创意产业与社区的深度融合

文化创意产业的发展应该更加深度地融入社区生活，与居民需求相结合。可以通过开展社区文化活动、征集居民创意等方式，让文化创意产业更好地服务于社区，满足居民的文化需求，推动产业和社区的共同发展。

文化创意产业对乡村居民的生活方式产生了广泛而深刻的影响，涉及经济、文化、社交等多个方面。通过创造就业机会、提高收入水平，文化创意产业为乡村居民带来了实质性的经济改善。同时，文化创意产业的发展也促使传统文化的传承和创新，为乡村注入新的文化动力。

在享受文化创意产业带来的好处的同时也面临着一些挑战，如文化纯粹性的保护、基础设施的提升、创意产业与传统产业的融合等。通过采取相应的政策、投资和培训措施，可以更好地应对这些挑战，推动文化创意产业与乡村居民生活方式的良性互动，实现共同发展。在未来，随着社会的不断变化，文化创意产业将继续在乡村发挥积极作用，为乡村振兴提供新的动力和可能性。

第二节 公共图书馆如何支持文化创意产业发展

一、公共图书馆在文化创意产业人才培养中的角色

文化创意产业在当代社会中扮演着越来越重要的角色，为经济增长和社会发展注入了新的动力。而人才是文化创意产业发展的核心驱动力量。公共图书馆作为信息资源的宝库和学习交流的场所，在文化创意产业人才培养中发挥着重要作用。

（一）公共图书馆资源提供

1.丰富的文献资料

公共图书馆拥有丰富的文献资料，包括书籍、期刊、报纸、电子资源等，涵盖了广泛的学科领域和文化创意产业相关的专业知识。这些文献资料为学生和从业人员提供了深入了解文化创意产业的机会，帮助他们建立扎实的专业基础。

2.数据库和数字资源

公共图书馆提供的数据库和数字资源是文化创意产业研究和创新的重要支持。学生和研究人员可以通过公共图书馆访问到各种行业报告、市场分析、案例研究等信息，有助于他们更好地了解产业现状、发展趋势和创新方向。

3.多媒体设施

现代公共图书馆通常配备了多媒体设施，包括电脑、投影仪、音响设备等。这为文化创意产业人才提供了展示和交流的平台，支持他们进行多样化的创意表达，并促进合作项目的推进。

（二）学术支持与培训

1.学术导师和咨询服务

公共图书馆提供学术导师和咨询服务，为文化创意产业人才提供学术指导和专业建议。导师可以帮助学生在研究项目中找到合适的文献资料，提供研究方法和论文写作的指导，从而提高其学术水平。

2.培训课程和工作坊

公共图书馆组织丰富多彩的培训课程和工作坊，涵盖了文化创意产业管理、市场营销、创意设计等方面的内容。这些培训活动有助于文化创意产业人才不断提升自己的专业素养，适应产业的发展需求。

3.知识产权培训

文化创意产业涉及众多知识产权问题，包括著作权、专利、商标等。公共图书馆可以组织知识产权培训，帮助文化创意产业人才了解相关法律法规，保护和管理自己的知识产权，促进产业的创新发展。

（三）社群建设与合作机会

1.学术交流平台

公共图书馆为文化创意产业人才提供学术交流平台，组织专题讲座、研讨会、学术论坛等活动。这些平台促进了学术界和产业界的对话与合作，为人才提供了展示和交流的机会。

2.产学研合作

通过与产业界的合作，公共图书馆搭建了产学研合作的桥梁。与文化创意产业相关的企业和机构可以通过公共图书馆获得专业的研究支持。同时，学术界的研究成果也能够为产业提供新的思路和创新点。

3.创客空间和共享资源

一些现代公共图书馆设有创客空间，提供共享资源和设备，为文化创意产业人才提供了创新和实践的场所。这些空间不仅仅是学术交流的场所，更是创意项目孵化和合作的平台。

（四）挑战与应对策略

1.跨学科知识需求

文化创意产业涉及多个学科领域，要求人才具备跨学科的知识和技能。公共图书馆需要加强与各学科专业的合作，提供多领域的文献资料和培训资源，满足人才的跨学科需求。

2.技术更新与数字化挑战

随着科技的发展，文化创意产业也面临数字化和技术更新的挑战。公共图书馆需要不断更新数字资源、引入新技术设施，以适应产业的发展需求，并通过培训课程帮助人才适应数字时代的挑战。

3.人才培养与产业对接不足

文化创意产业的发展需要具备相应技能和知识的人才，但有时公共图书馆提供的培训与实际产业需求脱节。公共图书馆需要更加主动地与产业界对接，了解其实际需求，调整培训内容和方向，确保培养出的人才更符合产业的用人标准。

公共图书馆在文化创意产业人才培养中发挥着不可替代的作用。通过提供丰富的文献资源、学术支持、社群建设等方面的服务，公共图书馆为文化创意产业培养了大量的专业人才。然而，面对不断变化的产业需求和技术挑战，公共图书馆也需要不断调整自身服务模式，与产业界更加紧密地合作，提升培养的人才的实际竞争力。公共图书馆只有通过与产业的深度融合，才能更好地满足文化创意产业对高素质人才的需求，从而推动产业的创新与发展。

二、公共图书馆资源对文化创意产业的支持

公共图书馆在文化创意产业中发挥着重要的支持作用，为文化创意人才提

供丰富的资源和信息。

（一）文化创意产业的背景

文化创意产业是指以文化为基础，以创意和创新为核心，涵盖了出版、影视、动漫、设计、艺术等多个领域的产业。这一产业的兴起带动了创意经济的发展，为经济注入新的动力。公共图书馆作为文化资源的宝库，对于文化创意产业的发展起到了不可替代的作用。

（二）公共图书馆提供的丰富资源

公共图书馆是信息的集散地，拥有大量的图书、期刊、报纸等文献资源。这些资源为文化创意从业者提供了广泛的参考和借鉴材料。此外，公共图书馆还收藏了大量的艺术品、手工艺品、历史文物等，为创作者提供了丰富的灵感来源。

（三）数字化时代的公共图书馆服务

随着数字化时代的到来，公共图书馆逐渐将传统的纸质资源数字化，建立了电子图书馆、数字档案等。这为文化创意产业提供了更加便捷的获取途径。创作者可以通过互联网随时随地访问公共图书馆的资源，加速文化创意的产生和传播。

（四）公共图书馆的培训和活动支持

公共图书馆不仅仅是资源的存储空间，还是知识的传播者。许多公共图书馆为文化创意从业者提供各类培训和活动。例如，举办创意工坊、讲座、展览等，帮助创作者不断提升自己的专业水平。公共图书馆还可以组织创意大赛，激励更多人参与到文化创意产业中来。

（五）公共图书馆的网络化合作

公共图书馆之间的网络合作也为文化创意产业提供了支持。各地公共图书馆可以通过网络平台共享资源，建立联合数字馆，为更广泛的文化创意从业者提供支持。这种合作可以促进不同地区文化创意产业的交流与合作，形成更大的创新力量。

（六）公共图书馆在创作者创作过程中的角色

在创作者的创作过程中，公共图书馆可以扮演导航者和支持者的角色。通过公共图书馆的资源，创作者可以更好地了解市场动态、行业趋势，指导自己的创作方向。公共图书馆还可以帮助创作者解决在创作中遇到的问题，提供专业的咨询服务。

（七）文化创意产业的数字化挑战与公共图书馆的适应性

随着文化创意产业的数字化发展，公共图书馆也面临着一系列的挑战。数字化时代的信息爆炸使得公共图书馆需要更好地组织和管理海量的数字资源。同时，公共图书馆还需要更灵活的服务模式，以适应文化创意产业日益多样化的需求。

总体而言，公共图书馆在文化创意产业中扮演着不可或缺的角色。通过提供丰富的资源、服务和培训，公共图书馆为文化创意从业者提供了有力的支持。在数字化时代，公共图书馆的适应性也将决定其在文化创意产业中的影响力和地位。公共图书馆与文化创意产业的合作将促使创意力量的不断释放，推动文化创意产业的可持续发展。

三、公共图书馆与文化创意产业合作的机制与经验分享

随着文化创意产业的蓬勃发展，公共图书馆作为文化资源的保管者和传播者，在文化创意产业中扮演着越来越重要的角色。公共图书馆与文化创意产业

之间的合作机制涉及资源共享、培训支持、活动策划等多个方面。

1.资源共享机制

公共图书馆的核心优势在于其庞大的文献资源库。其与文化创意产业的合作可以通过资源共享机制得以实现。这包括数字化资源的开放获取、公共图书馆与文化创意机构的合作、共建数字档案等。通过这种机制，创作者可以更便捷地获取到丰富的文化、历史和艺术信息，为文化创意产业的发展提供坚实的基础。

2.创意工坊与培训支持

公共图书馆可以开设创意工坊，为创意从业者提供培训和指导。这包括艺术创作技巧、数字媒体应用、知识产权保护等方面的培训课程。公共图书馆通过与专业人士合作，能够为创作者提供实用的技能培训，使其能够更好地应对市场竞争，提高产业的整体水平。

3.创意大赛与活动策划

公共图书馆可以组织创意大赛，激发创作者的创造力。这种形式既能够发现并奖励有潜力的创意人才，也为公共图书馆赢得更多的关注和支持。此外，公共图书馆还可以策划各类文化活动，如艺术展览、创意市集等，为文化创意产业提供展示和推广的平台。

4.数字化平台与创新技术应用

随着数字化时代的发展，公共图书馆可以通过建设数字化平台，提供在线图书馆、数字档案馆等服务。这种平台不仅方便了创作者获取信息，也为文化创意产业的数字化发展提供了支持。创新技术如虚拟现实（VR）和增强现实（AR）等也可以被引入，为文化创意注入更多的科技元素。

5.专业咨询与导师制度

公共图书馆可以设立专业咨询服务，为创作者提供法律、商业、市场等多方面的咨询。同时，建立导师制度，邀请行业内资深人士担任导师，与创作者分享经验、提供指导。这种机制能够加速创作者的成长，促进文化创意产业的健康发展。

6.跨界合作与创新项目孵化

公共图书馆与文化创意产业可以进行跨界合作，与其他领域的机构、企业合作开展创新项目。这包括与科技公司的合作、与学术研究机构的合作等。通过这种方式，公共图书馆可以促进学术、文化创意与科技等领域的融合，推动更多创新项目的孵化和实施。

7.社区参与与反馈机制

公共图书馆作为社区文化的中心，可以通过各种方式增强与社区的互动。建立反馈机制，了解社区对文化创意产业的需求和期望。公共图书馆还可以主动参与社区活动，通过与居民的互动，更好地服务于社区的文化创意发展。

8.开放数据与创意共享

公共图书馆可以推动开放数据的理念，将一部分数字化的文献资源开放给公众和创意从业者。这不仅有助于推动创意共享，还能激发更多的创新。创作者可以基于公共图书馆的开放数据进行二次创作，从而形成更多元化和富有创意的作品。

9.持续学习与适应变化

文化创意产业在不断变化，公共图书馆需要保持敏锐的洞察力，及时调整合作机制。及时了解新的文化创意趋势、技术发展和市场需求，不断调整服务模式，确保与文化创意产业的合作始终紧跟潮流。

公共图书馆与文化创意产业的合作机制是一个相互促进、互惠互利的过程。通过资源共享、培训支持、活动策划等多种方式，公共图书馆为文化创意产业提供了丰富的支持。这种合作机制不仅有助于创作者的个人发展，也能够推动整个文化创意产业的繁荣。未来，随着技术的不断进步和社会需求的变化，公共图书馆与文化创意产业的合作机制还将不断演进和创新。以下是进一步深化公共图书馆与文化创意产业合作的一些建议和未来发展方向：

1.制定更加灵活的合作框架

公共图书馆应该制定更加灵活的合作框架，以适应文化创意产业不断变化的需求。这包括建立开放式的合作平台，鼓励创意机构提出合作建议，共同探讨合作的方式和内容。灵活的框架能够更好地应对文化创意产业多样化和快速发展的特点。

2.加强数字化技术应用

随着数字化技术的发展，公共图书馆应加强在数字化方面的投入。这包括建设更加智能化的数字平台、引入人工智能技术以提高资源的检索效率、利用大数据分析创意产业趋势等。数字化技术的应用将进一步提升公共图书馆服务的水平，满足文化创意从业者对多样化数字资源的需求。

3.推动知识产权保护机制

文化创意产业对知识产权的保护尤为重要，公共图书馆可以在知识产权培训和法律咨询方面加强支持。建立知识产权保护机制，为创作者提供专业的法律咨询服务，帮助他们更好地保护自己的创意成果，提高行业的创新氛围。

4.跨界合作拓展创意产业边界

公共图书馆可以积极推动与其他文化机构、科研机构、企业等的跨界合作，拓展文化创意产业的边界。例如，与博物馆合作举办文化创意展览，与大学合作开展创新研究项目，与企业共同推动产品的开发等。这样的跨界合作能够为文化创意产业引入更多元的资源和创新动力。

5.支持文化创意产业的国际化发展

公共图书馆可以在国际层面上加强与其他国家或地区的公共图书馆的合作，促进文化创意产业的国际化发展。公共图书馆可以通过开展国际性的创意展览、文化交流活动，推动本地创意产业走向国际市场，增强文化软实力。

6.建立文化创意产业数据库与网络平台

公共图书馆可以建立文化创意产业数据库，收录行业内的重要信息、创意作品、市场趋势等。同时，公共图书馆可以建立网络平台，促进文化创意从业者之间的交流与合作。这样的平台可以成为文化创意产业的信息中心，为行业内的专业人士提供便捷的交流和合作机会。

7.关注文化创意教育与人才培养

公共图书馆可以与教育机构合作，关注文化创意教育和人才培养。公共图书馆通过举办讲座、工作坊，支持文化创意课程的开设，培养更多具有创新意识和专业素养的文化创意人才。为文化创意产业输送高质量的人才，是公共图书馆支持文化创意产业长期发展的重要任务。

8.激发社区参与与文化创意创业氛围

公共图书馆可以通过组织社区文化活动、创意市集等方式，激发社区居民对文化创意产业的参与兴趣。公共图书馆通过创建文化创意创业孵化器，支持社区内的文化创意创业者，培养文化创意产业的创新氛围。社区居民的积极参与将有助于文化创意产业在地方层面的发展。

通过不断创新合作机制，公共图书馆可以更好地服务于文化创意产业的发展，为创作者提供更多的支持和资源。随着文化创意产业的不断壮大和社会需求的不断变化，公共图书馆的合作机制也将继续演变，促进文化创意产业的繁荣和可持续发展。

参 考 文 献

[1]王鹏.公共图书馆数字文化建设[M].济南：济南出版社，2020.

[2]冀萌萌，张瑞卿，崔佳音，等.文化自信背景下我国图书馆的公共教育服务探索[M].赤峰：内蒙古科学技术出版社，2020.

[3]王丽芹.公共文化服务体系下图书馆服务与管理[M].沈阳：沈阳出版，2021.

[4]褚倩倩.现代图书馆文献信息资源建设与利用研究[M].昆明：云南科技出版社，2022.

[5]王蕴慧，张秀菊.公共图书馆的服务体系建设与创新[M].北京：中国纺织出版社有限公司，2021.

[6]王志东.公共图书馆文化产业研究[M].济南：山东人民出版社，2012.

[7]浦绍鑫.现代公共图书馆资源建设与服务[M].北京：光明日报出版社，2016.

[8]白峰.乡村振兴战略下农村牧区公共文化建设现状及策略[J].山西农经，2019（20）：128-129.

[9]李兵.乡村振兴战略背景下公共图书馆推动乡村文化建设的路径研究[J].中国民族博览，2023（23）：235-237.

[10]何玉萍.乡村振兴战略下的乡村公共文化建设探索[J].参花(下)，2023（3）：131-133.

[11]杨睿毅.乡村振兴战略下新时代中国乡村公共文化建设分析[J].品位·经典，2022（24）：97-99.

[12]李颜，丁晓彤，张津珠.乡村振兴战略下乡村公共文化服务体系建设困境与进路研究[J].智慧农业导刊，2024（2）：181-184.

[13]甘可佳.乡村振兴战略背景下乡村公共文化建设研究[J].中国民商，2021

（4）：242-243.

[14]刘蓉.乡村振兴战略背景下基层图书馆助力乡村文化建设研究[J].智慧农业导刊，2023（6）：149-152.

[15]高军，刘勇，王君英.基于 CiteSpace 的乡村振兴战略下图书馆公共文化服务均等化研究[J].河南图书馆学刊，2023（2）：130-137.

[16]孟小平.乡村振兴战略下农村公共文化服务建设分析[J].文化产业,2021（13）：88-89.

[17]廖明.乡村振兴战略背景下基层图书馆建设与文化信息服务探究[J].厦门科技，2023（5）：46-49.

[18]杨金辉.乡村振兴战略下农村公共文化服务建设路径研究[J].中国民族博览，2022（20）：92-95.

[19]任云鹏.乡村振兴战略背景下发挥高校图书馆对新农村建设作用[J].农业经济，2020（6）：116-118.

[20]张少君.困境与突破：乡村振兴战略背景下农村公共文化建设研究[J].艺术百家，2022（2）：57-63.

[21]张淑林，常新语.乡村振兴战略视域下乡村文化建设的新路径[J].淮南职业技术学院学报，2019（3）：143-146.

[22]陈寒英.乡村振兴战略背景下大学生助力新农村文化建设的路径[J].中阿科技论坛（中英文），2021（5）：10-12.

[23]王艳.乡村振兴战略下农村公共文化服务建设路径研究[J].大众文艺，2021（2）：3-4.

[24]汤玲玲.乡村振兴战略背景下公共图书馆文化精准服务及实现机制研究[J].新世纪图书馆，2020（5）：33-39.